Ludwig Weibel
Des Lebens Feuerkraft und Stil
Lass dich in die Sphären reinen Seins erheben

Books on Demand

Bibliographische Information der Deutschen Nationalbibliothek.
Die Deutsche Nationalbibliothek verzeichnet diese Publikation in der deutschen Nationalbibliographie, detaillierte bibliographische Daten sind im Internet über http://dnb.dnb.de abrufbar.

© 2015 Autor: Ludwig Weibel
Herstellung und Verlag:
BoD – Books on Demand, Norderstedt
ISBN 9783739242323

Ludwig Weibel

Des Lebens Feuerkraft und Stil

Inhalt

Flügel der Allherrlichkeit

1.1

Es ist erwiesen, dass dein Lautersein das Seinsgefühl erweckt in deinem Dich-Begründen, und das ist dann ein starker Schritt voran im Erkennen deiner selbst und deiner Motivationen. Ich steh dir bei als deines Wirkens Kamerad und lass die Güte Meines Seins durch dich zum Ausbruch kommen im erhabnen Weltgeschehn. Das Letzte ist das Beste, was Ich in dir tu': Dich in die Sphären reinen Seins erheben, wo du in dir sicher bist in jeder Aktion und jedem ruhigen Verstreichenlassen einer Zeit des Müssigseins und der Besinnung auf die goldnen Werte, die dir innewohnen.

Spürst du, dass Ich Bin in deinem innersten Gemach, lässt du die vielen Iche fahren, die dich in dir gefangen halten, denn Meine strahlende Präsenz verleiht dir Flügel der Allherrlichkeit in überird'schen Landen, die da sind das Wirkliche, zu dem sich aller Augen sehnsuchtsvoll erheben, wo das Gezähmte sich den ersten Platz gewinnt und sich der Sanftmut Seim auf Stirn und Wange legt der Seinsverklärten.

Bist du, so hast du nichts mehr zu befürchten und deiner Tage Wettlauf zieht sich schnurgerade zu Mir hin, der Ich die Glorie und Beglückung Bin für alle, die ihr Ziel in Mir gefunden haben. Als Lächelnder gehst du einher im Spiel der Situationen und traust dir selber alles zu, was Harmonie schafft und begeistertes Beleben, liebevolle Anteilnahme und schlussendlich Frieden in der Einheit aller Geister, die sich wahrhaft liebevoll verstehn.

1.2

Die Wesen hinter Glas und Stahl sollst du im Geistgebiete sehn, denn alles Wirkliche lässt sich auch wesenhaft beschreiben. Du hast persönliche Gedanken, die du pflegenkannst nach Lust und Laune, in der Meinung, dass dudenkst im Hier, doch ebenso gewiss gewinnst du Kunde von dem Denken, das Es in dir unentwegt vollzieht, derweil du schweigend da bist vor der strahlenden Unendlichkeit, die sich in deinem Innesein erhoben.

In diesem Zustand Bist du der bescheiden Lauschende auf was die Dinge der Allherrlichkeit dir leis besagen. Es offenbart sich dir das tief verborgene Geheimnis deines Seins in wunderbarer Weise als Erkenntnis und Gefühl.

Hieroben Bin Ich, was das All gebiert, darfst du dir sagen lassen und darfst dich als das Es begreifen, das in allem Seienden die erste Geige spielt, und das, was zählt, bewirkt in allen weltlichen Belangen. Es macht dich gnädig zum Patron und bleibt doch selber hocherhaben über alle deine Angelegenheiten. Es schweigt, derweil du redest, redest, und redet doch beständiger in dir, als all dein wissendes Geplapper es vermag.

Und was sind die Gefühle, wenn sie sich vom eng begrenzten Wirrwarr deiner eigenen ins Ewige erhoben haben: Nichts andres als ein einig unveränderliches Strömen von Glückseligkeit und Wonne an dir selbst und an der Wirklichkeit der Sphären, deren unverbrüchlich Teil du bist geworden. Ins Allräumliche erlöst, wirst du nach keiner anderen Behausung fragen; der Beseligung anheimgegeben, brauchst du keine Tänze mehr und Lustbarkeiten weltlicher Natur: Ich Bin in dir das

Schöne in Person, das Weise, wie das Seinsbarmherzige, das alles Seiende im innersten versteht, und Anteil hat an seinen Motivationen. Es lebt und webt in allem, was sich emsig und gerissen, locker und galant, erhaben und bescheiden durch die Welt bewegt, wie träumend, wenn es noch so wach sein will in seinen Ambitionen.

Ich Bin in dir der einzig Wache im Gewühl, der AllesUberschauende im kunterbunten Leben. Mein Götterblick durchschaut, was Mauern sind für Menschenaugen. Mein Einfluss greift in jede noch so tief verborgne Zelle und veredelt und verwirft nach dem Befund der Seinsgerechtigkeit und dem erklärten Sinn, das Gute zu erhalten und das Schlimme wegzutun.

Manifest der Güte Bin Ich, wo Gestaltung sich erhebt, Meisterschaft in liebevollem Gluten, unbändig Wissen um das Hehre, das als Sturmflut durch die Weltenzeiten fegt und Allgewaltiges in Szene setzt nach Meinem Willen und Befehl.

In Glanz und Weiten lässt sich zudem trefflich ruhn. Es ist die makellose Stille irgendwo im Weltenbrausen, die Mich so begeistert und im Weiselosen darstellt, dem Ich Mich voll Zärtlichkeit vermähle.

Denkend Bin Ich alles, was sich denken lässt in Meinen Gärten, unermesslich graziösen Blühns und wunderbaren Wohlklangs des Aroms, das sie verströmen. Abgeschieden und vereint mit allem wandle Ich durch sie in leisen Schauern des Beglücktseins ob der Labsal, die sie Mir bereiten.

Seinsbeglückt und selig fei're Ich den ewigen Tag in Meinem Mich-Begründen und gestalte, was Ich will in Meiner schaffenden Bravour. Wohlgesetzt und heiter ist die Fülle Meiner Taten und Mein

Universum eine Pracht des Gloriosen, die nie endet im Vorüberwehn.

1.3

Wie hingemalt im wunderbarsten Frieden präsentieren sich die Sätze, die da Meiner Lust entsprungen sind, das Schöne wahrzumachen und dem Liebenswürdigen freie Fahrt zu geben auf der Daseinsbahn.

Bis in jede Einzelheit bestimme Ich, was kommen soll im Festspiel auf der Lebensbühne. Ewig heiter, wie Ich Bin, muss ihm die Heiterkeit zugrunde liegen, dass ein wohlanständig Lächeln den Betrachter ziert auf seinen Zügen.

Mein Geheimnis ist die Unverfrorenheit, mit der Ich in der Zeit agiere. Ungekürzt sind die Sentenzen Meiner Wahl, ein Ausbund von Geselligkeit und Frische, von Tatendrang und aneinanderfügender Begeisterung am Leben. Ich wärme auf, wo andere noch kühl darniederliegen, Ich stosse an, wo all so viele noch die Kugel unentschlossen durch die Hände drehn. Bahn zu brechen hab Ich Mir befohlen, allsobalde wie der Morgen graut, der einen neuen Werktag Mir beschert und Leichte, Lust und Kraft zu Siegestaten.

Was immer Ich bestimme, stimmt im Reigen der auf Wohlbekömmlichkeit gemünzten Taten. Ich staune ob der Gunst, die Mir gewährt wird in der Kunst des Offenbarens seinsnatürlicher Gegebenheiten, die im Glück der Stunde ihren Charme verbreiten. Kostbar ist und köstlich, was Ich so zustande bringe an gediegnem Unterhalten eines Publikums, dem schöpferische Phantasie zuallererst behagt und

Leicht-Sinn auf der Zunge schmilzt, wie Eis im Sommersonnengarten.

Wer sich freuen kann, ist immer auch ein ernster Grübler in den saftigen Lebenswiesen, die ihm reichlich zur Verfügung stehn. Reich an Gleichmut ist sein wachendes Gemüt und seine Augen leuchten, wenn ihn wieder leis und luftig jene Schwinge streift, die man Genie nennt in den weltlichen Annalen.

Nun weiss man sich von vielem zu erzählen, was da unbeschwert den Strom hinunterschwimmt, den wir im Auge haben. Doch wie es einst hinaufkam, ist nicht zu ergründen ohne Mich, der Ich die Ursach Bin in lückenlosem Alles-in-die-Wege-Leiten. Das Dahinter Bin Ich, wenn da vorn ein Rätsel existiert, das Animierende, wenn irgendwo ein sanfter Strich dahinzieht über eine Wange und sie leis erröten lässt im Herzbefehlen.

Alles, alles ist von Mir und lässt sich nimmer scheiden in ein Von und Zu, ein Sein und Haben, weil Ich Bin so eigenartig unfehlbar in jeder Ich-Natur, dass in ihr jeder Anfang auch Mein Ende findet und allein in Mir der abergrosse Kreis geschlossen ist, des Wirklichen, das Ich begründe.

Leichten, lieben Fusses schlendre Ich dahin und habe nun gesagt, was Ich so meine. Rast in Wonne und Behagen steht Mir zu und auch ein feines Lächeln für die unverblümte Listigkeit, mit der Ich alles in den rechten Wind zu drehen weiss und in die Richtigkeit der Sphären.

1.4

Dein Geschick ist, zu erraten, was Ich meine. Deine Träume gleichen sich den Meinen an, sowie du Mir so nah bist, dass Mein Ich dich überschatten kann und Meine allgewaltigen Künste dich durchfliessen. Nicht zu zählen sind die Keime, die von Mir dich mit Gerechtigkeit durchsetzen am allgemeinen Menschenwohl. Es kommt, es flutet rasch hinan und lässt dich hocherhaben und beglückt zurück in deinem Dich-Benehmen. Rational ist nicht zu fassen, was Ich so vergebe an Genügsamkeit und Edelmut, Gedankenwachheit und frühreifem Überschauen ganzer Kontinente im sich weitenden Bewusstsein Meiner Observanz und Fabelhaftigkeit im Ewig-Guten.

Hältst du ganz zu Mir, so halten wir zusammen und begehen manches Fest der Trautheit und gediegnen Unterhaltung in erwiesnen Götterdingen, die vom Geiste zeugen, den Ich allhin meisterlich versprüh.

Mir ist volle Lust am Dasein ohne jeden Vorbehalt gegeben, alle Leuchtkraft, die die Lebensdinge offenbart, im überwältigenden Mich-Verstrahlen.

Gutgläubig und verschwiegen ist Mein Sein, wenn es sich darum handelt, deiner Nöte lauschender Gespan zu sein und auch den Preis dafür zu zahlen, dass sie minder werden in der Galerie der Zeiten. Lass es dir angelegen sein, nur noch auf Mich zu zählen im Rahmen aller Schiebereien und Bedenklichkeiten in des Lebens kuriosem Spiel. Gekonnt weiss Ich Mich zu benehmen, währenddem Ich dich am Gängelband erhalte und dein Unrecht überwalte, bis es sich zur Güte des Gerechtseins schlägt und damit zum vollendeten Befriedetsein in Mit

Taufrisch und überzeugend mal Ich dir ein Bild der Welten, die Mein Sein bezeugen, unwiderstehlich und von warmer Lebenslust durchzogen. In Mir heimisch sein heisst, wohlgefällige Genügsamkeit empfinden am Geschick, das du für dich erwählt hast, eh das Licht der Sterne dich begrüsste in des Daseins Marionettenspiel. Zappelst du am Faden, zappelst du an dir aus früheren Zeiten, wo du deines Karmas Schwergewicht behutsam auf die Lebenswaage legtest, um daraus das Künftige zu bestimmen in geheimnisvoller Wahl.

Nun Bist du, um das Rätsel deiner Dienstbarkeiten zu entschleiern und der Runden eine wieder siegreich zu vollenden, als von Mir gewogen und für gut befunden. Wachst du schliesslich auf in Mir, so endet, was in Leid und Hader einst begonnen, in Glückseligkeit und wunderbar gestilltem Liebelächeln, in der Zartheit des Befindens und der lauschenden Beschaulichkeit in überirdischer Gewähr.

1.5

Liebst du Mich, so liebst du alle Welt in deinen Seelengründen. Nicht von dir ist dann zu sprechen, wenn du dich vereint hast bis zum letzten Rest mit Meiner Attitüde des Gewahrens und Bewahrens aller Herrlichkeiten Meines Seins im Wunderbaren.

Mein Reichtum reicht vom Aufgang bis zum Ende jedes Freudentages, den Ich dir gewähr. Er ist gesegnet und geprägt ins Wunderwerk des Sternenalls, so gut wie in das All von Kräften in den überragend wirkungsvollen Wesen, die dem Menschenaug verborgen bleiben.

Ungezählt vor Mir im Zeitenlosen seh Ich die Äonen stehn als Allbild allen Seins im Jetzt der strahlenden Unendlichkeit, in der Ich Bin und wese.

Tabernakel Meiner selbst benenn Ich Mich, Urgründer des Geschehns in jedem Einfall zeitgeschichtlicher Potenz, die Ich begründe und verkünde als das Wort, dem alle Schauer neuen Werdens innewohnen, und dessen Hall den Raum gedankenschnell durchwallt im Neuraum Zeugen. Ich bedeute Mir, was Ich schon Bin und was Ich seiend werde in der ungeheuren Weltenallgebärde.

In den allerhöchsten Rängen find Ich Mein Beruhn und sende Recht und Richtung in die Sphären. Meiner Andacht Innewohnen facht die Ehrfurcht vor Mir selber an und weist jedewelche Überheblichkeit in ihre Schranken. Derselbe Mittelpunkt Bin Ich an jeder Stelle, wo Ich Mich erkenne als das Eine, reingeschliff'ne, betörend sanfte und gewiegte Es, in dem die Weisheit aller Zeiten seine Stätte findet und die Zärtlichkeit des Wirkens sein Idol.

Den Strahlenkranz der Hoffnung über alle Lande breitend, rück Ich vor im Evolutionenschreiten, unfehlbar, und überdauere, was kommt und geht und was Erfahrung sammelt, im Geländegang von Meinen Gnaden. Aufbruch und Vollenden ist Mein Ziel und überragendes Geflüster, Mein Mich-Winden als die Urkraftschlange durch des Weltraums Blinken und Befehl. Sylphen und Dämonen sind Mir eingebunden ebenso wie die gewissenhaften Richter über aller Weltenwesen Taten. Mit unendlicher Barmherzigkeit bedenke Ich dabei das Schicksal allen Werdens im Mich-selbst-Begreifen.

Unvermittelbar sind Meine Fühlbereiche, wo die Glücksmomente laufend auferstehn und im Erlöschen Funken sprühn am Horizont des Schönheit-und-VerschwiegenheitGewährens.

Dann ruh Ich in der eignen Gründe wohlerwogner Einfalt und bewahre, was Ich Bin, in lichten, langgedehnten Zügen des glückseligen In-Mir-Verweilens.

1.6

Aufschwung Meiner selbst Bin Ich in jeder glänzenden Partie, die ausgetragen wird und vorgeführt im Menschengarten. Sie erleben sich darin als die Gelehrten, die Geschickten, als die Grandseigneurs des Seins an reichgedeckten Tischen, nicht ahnend, dass Ich durch den Zeilenfall der Hierarchien ihres Treibens Nutzer bin, um Mich emporzubringen, Meine Stärke auszuleben und der Krone Meines Königtums erwiesnermassen eine Zacke zuzulegen.

Myriaden schmelzen hin im Feuer der Begeisterung am Leben. Es ist Mein Schmelz und Mein weitoffenes Visier nach Kampf und Sieg im Mehrsein als die Trägen, die Mein Sein verspotten und Mich zwingen, Gleiches auch mit Mir zu tun. Der Regsamkeit verpflichtet, rede Ich Mich selbst in allen Grillenfängern, Komikern und Resoluten an. Selbstgespräche führend, überplaudre Ich so manche Stunde in dezenten Kabinetten, Kaffeestuben, in musikberieselten Foyes, saloppen Schenken und Tausenden Verzettelungen, dass Ich darnach Sehnsucht fühle, Mich in mönchische Ereignislosigkeit zurückzuziehn. Was gibt's denn anderes, als dass Ich dies vollbringe in der Abgeschiedenheit des stillen Denkers, der sich weder einsam noch gefangen fühlt in seinem Stübchen und dem Ich auf so seinsgewisse Weise angehöre, dass er aufhorcht und Mich fühlt, derweil Ich selber Mich in ihm erfühle.

Häuslichkeit im Ringen um Präsenz ist Mir gegeben ebenso wie Allgeschmeidigkeit im Überall der Sternenräume und unendlichen Verstiegenheiten, deren Reich Ich nonchalant bediene. Vaterschaft der Welten nehm Ich an, die sich in rasendem Gewinst von Ort zu Himmelsort verschieben. Ich schaue Mich in ihnen und schaue das so kennerische Seinsbewusstsein, das Mein Ein und Alles ist, die Stätte Meines Mich-glückselig-Findens und das wonnevolle das Ende Meiner sagenhaften Liebesspur.

1.7

Ich Bin Mir schuldig, denk Ich, fort- und fortzufahren im Erzählen der Geschichte, die Ich selber Mir erschuf. Seinsgewandt und sehnig soll sie sein in Form und Stil und soll bezeugen, dass die Mannigfaltigkeit noch immer ist Mein faszinierendes Idol.

Nie wieder lass Ich fahren, was Ich einmal aufgegriffen im Bestreben, Wahrheit zu verwirklichen und Weisheit anzuschlagen. Leicht-Sinn ist es im bewegten Lauf der fliessenden Äonen, in der Munterkeit und Märchenhaftigkeit, die Ich darin entfalte.

Mählich wach und wacher Mir geworden, geb Ich Meinen Auftritt in der Menschheit lichtem Flor und hebe und bewege Mich nach allen Regeln grosser Künste ins Bewusstsein Meiner Kür.

Unerwartetem begegn' Ich mit besonderer Gefälligkeit am Sein und Weben, denn es lässt die Faszination an sich aus Mir erspriessen. Jede Wendung Meiner Wege kann so viel an Unberechnetem erschliessen, dass Ich ständig in der freudigen Erwartung dessen Bin, was kommen will und kommt in Meinem Märchengarten.

Reizende Gespinste bringen Mich voran im Denkverfahren, das Ich Mir zurechtgelegt in Widersprüchen und Verirrungen zuhauf, derweil Mich deren Klärung unwiderstehlich zur bewussten Klarheit und zum Seinsgewissen führt, das die höchsten Gipfel aller Dinglichkeit bei weitem überragt und in der Freiheit seiner Züge das Erstrebenswerteste bedeutet, das da Ist und seine Wunderkreise um sich breitet.

Mich selbst begleitend, gleit Ich unbeschwert und lebenskundig durch die Zeit dahin und Bin und glühe in Mir selbst als ein Gewandter und Gesandter Meiner Unbescholtenheit im Aneinanderfügen. Brachland lüftend, Keime steckend, Wasser tragend, Felder wärmend, geh Ich so dahin und ebne einer reichen Ernte das Erspriessen. Weder Gold noch Platin wiegen auf, was Ich in seinslebendigem Agieren in die Welt zitiere, denn immer ist dem Toten das Bewegte, Überlegte haushoch überlegen im ermunternden Beschrieb und Trieb zu neuen Taten.

Ich mache Mir nichts vor, wenn Ich gekonnt und kennerisch geradewegs zum Ziel marschiere, das Ich anvisiert, wo auch die Rast muss sein im Filigran des Tragens und Bestehns,

Im Niemandsland des Schweigens hebt sich leis und zart die Stimme der Glückseligkeit und Wonne himmelan und singt und summt von Zärtlichkeiten in der Liebenswürdigkeit des Seins, die Ich Mir Bin im Ewigen, wie in der Heiterkeit der unerschöpflichen Affairen.

1.8

Verbindung zu den höchsten Sphären geht vonstatten wie am Schnürchen, wenn du deine Ziele aufgibst, um dem Einen nur zu dienen, das da Ist und seine Wunderwirkung über alles breitet im Allräumlichen.

Was es gilt zu tun, ist, ruhn und schweigen vor dem Majestätischen, das dich berücken und beglücken will in grossgesetzten Zügen. Deiner Andacht waches Blut erweist sich als der eignen Inbrunst Rede des unendlich Zarten, das dich liebevoll durchfliesst und deine Rettung ist im Wunderbaren.

Silberhelle Zärtlichkeiten gleiten wie in Schleiern liebelicht dahin und vereinen sich den Hochgestimmten, deren warme Herzlichkeit das Freundliche und Liebelichte anzieht in den Sphären.

Dein Beruf ist Ruf nach Seinsgewinn und Strahlen. Deine Menschlichkeit ein Hauch von Sehnsucht nach dem Überirdischen, das alle Welt bewegt und dir Beweglichkeit vermitteln will im Andersartigen.

Es zu erschweigen sei deines Selbstbegreifens Absicht und Verlangen an der allerersten Stelle deines Tuns. Das vielgeliebte Agens deines Dich-Gebärdens sei es in der Feldkraft allen Seins und wunderbaren Webens.

Wirkung stösst die Wirkung an im seinsnatürlichen Getriebe und bewegt das Weltliche wie von Geisterhand von Mir. Lass dich nicht täuschen vom Gegebenen und wisse dich vom Überid'schen Kräftemeer getragen und gespiesen, gesendet und gestählt. Es gilt, dich Mir in Andacht und Bewundern zu verbinden, als zu einem Bündnis ewiger Treue und Beweglichkeit im Leicht-Sinn Meiner Sphären. Dann gestalten sich die Dinge deines Lebens in beglückender Natürlichkeit zu einem Fest der buntbebänderten Erfolge, als von Mir errichtet und voll Liebe inszeniert in deinen Reichen.

Seinsvertrauen ist zu nennen, was dich immerdar beseelen soll in deinem Durch-die-Tage-Schlendern, deinem Brennen nach Gerechtigkeit und Menschenwürde, deinem vielerfahrnen Wohl.

In dir halte Ich zusammen, was das Sein gebiert und was ihm Sinn gewährt in allen Wesensteilen. Komm und schau Mich an in dir und deinem Weltgefühl und übergib dich deinem Seinsbewusstsein ohne jede Scheu und in vollem Überdich-Verfügen. Trachte mit Mir zu verschmelzen, zarten Augenblicks in schwebender Glückseligkeit und Seinswahrhaftigkeit im Magnum der Allgüte, das Ich Mir im Ewigen bereite.

1.9

Untadelig muss sein, wer seinen Rechten schlicht entsagen will, damit sie seines Aufstiegs freudenvolle Bergpartie nicht mehr behindern können.

Rechte sind Beziehungen, die dich zur Erdenscholle binden, sind Gelüste aller Art nach kleinem Glück und kleinkariertem Frieden.

Beschäftigung soll sein mit deinem Sein und seinen hilfsbereiten Zügen, wie mit der Ausbruchsförderung aus dem Gefängnis des markanten Ich-Bezugs, den noch die meisten Bürger dieser Welt für sich in Anspruch nehmen. Ein selbstisches Gewind von Generationen seh Ich in weitgedehnten Kreisen um sich selber laufen. Mach es ihnen schmackhaft, sag Ich dir, den Trampelpfad der Grosslust am alltäglichen Geschehn in Würde zu verlassen und dem Innesein den vollen Vorzug zuzuschreiben.

Niemand sieht dir dies Besondre an, derweil du deine Pflicht erfüllst, wie eh und je im Lebensgarten. Dennoch wandelt sich in dir die geistige Struktur, indem du an Mich denkst und deine Gleichungen vergleichst mit Meinen im bewussten Mathematisieren.

Es helfen dir die Götter, grad zu stehn, wo sich das Krumme überall verbreitet, und Heiterkeit zu sä'n aus innerstem Begründen.

Trete schlicht und unbemerkt ins Glied der grossen Kämpferschar, die sich zum Ziel gesetzt hat, Meisterdinge zu vollbringen, lebelang, als treue Diener in der Werkstatt höherer Vernunft und unbedingtem Über-deinen-Eigenwert-Verfügen.

Ich stelle dir in Aussicht, zur gegebnen Zeit die Geister-schar zu spüren, die im allräumlichen Bewusstsein ihre segenvollen Runden zieht, um die Vertrauenden dem Gotteslichte zuzuführen. Es kündet sich ein Grosses an im Umschwung in den Sphären des Gerechtseins am von Mir durchpulsten Leben.

Vieles, was dir bisher heilig war, wird fader Schein, wenn sich in dir die Glut von Meinem Gluten zum Feuerbrand entfacht hat reiner Liebe zur Erhabenheit des Seins in wonnevollen Weiten.

Die Gärten des Elysiums sind allezeit voll Schönheit in dein Herz geschrieben; du brauchst nur deine Seelenaugen aufzuschlagen, um darin ihr freudestrahlendes Gesumme und Gewirk zu sehn. Der Tugend Kelche leuchten dir galant und farbenfroh entgegen, das Arom der Hoffnung füllt den Ätherglanz und graziöse Zeichen deuten dir die

Lieblichkeit der Sphäre, die dich mild umschliesst und dein Geborgensein bekömmlich macht im Ewigen.

Du Bist und weilst und staunst in Mir dich selber an und lächelst in Begeisterung und inniglich empfundnem Selbst-genügen. Zum Sein erlöst Bist du in Meines Fluidums Arom und wach in hohen, lichten Sphären, wo das Wunderbare sich vollzieht und alle Wesen sich voll Zärtlichkeit in Liebe, Achtung und Bescheidenheit begegnen, Seins-glückseligkeit und Frieden.

1.10

Masslos einfach ist das Sein, wenn du in ihm die Stätte deiner Sehnsucht hast gefunden, uner-schöpflich reich, sobald du seinen Äusserungen nachgehst im Entdecken seiner seelenvollen Spuren. Stärkst du dich in irgendeiner Weise, kommt die Kraft von Ihm, und das genau zu wissen im Gemüt, versetzt dich in den Zustand tiefgefühlten Dankens allem gegenüber, was du hast und scheinbar aus dir selber bist geworden.

Denn es fliessen Seine Wesenskräfte unablässig in dich ein, um dich zu fördern, zu beleben, Aufruhr oder Seinsergebenheit in dir zu stiften oder makellose Leistung im Bewusstsein deiner Gottnatur.

Die Zahlenfolge deiner Taten liest sich wie ein schicklicher Roman, doch wenn du wüsstest, wie viel daran von Mir ist, würdest du ihn anders lesen. Ach wie oft verdarbst du dir die besten Szenen, die Ich für dich aussersah, und wie froh war Ich, wenn du dich recht zusammennahmst und Meiner wohlgesitteten und lichten Wege gingst in glückerfüllten Zeiten. Denn wisse, des Verführens Kräfte kommen auch von Mir, um dich zu prüfen auf Beständigkeit und Minne, gute Absicht und Barmherzigkeit an der Geschwisterschaft mit allen Wesen, Lauterkeit des Herzens und der Treue allem Ewigen gegenüber.

Ich beginne, wo du endest, Ich erhebe, wo du liegst, und fasse dich in eins zusammen, wo du dich zersplitterst in der Vielfalt deiner Kür. Mache dich bereit, nur einem noch zu dienen, konzentriere dich auf Den der Ist im Reiche der Verklärten, denen du ein Sträusschen winden sollst, um selber dann zu ihnen zu gehören.

Entwinde dich dem Wirrwarr der Gedanken, die dich wie in einem Netz gefangenhalten, und steige auf zur hehren Klarheit Meiner seinsbestimmenden Ideen, die von allerhöchsten Sphären lautlos zu dir niederschweben.

Trage Mir nichts nach, wenn Ich dich harten Griffs daran erinnern muss, dass du unwiderruflich an Mein Werk gebunden bist von wundervoller Harmonie und Schönheit, Weisheit des Gestaltens und Erhabenheit des Ziels. So gilt es nur, dich auf die rechte Bahn zu lenken, die da führt in Meiner Gründe hochbeglückendes Revier.

Geborgenheit und Trautheit in den Sphären Meines Wohlbefindens sind dein Los, wenn du dich dazu aufraffst, voll Vertrauen und Genügsamkeit am Leben auf Mich zuzugehn. Ewige Heiterkeit und Wonne tragen sich dir an in der Erkenntnis deines Seins in Mir und Meinem sinngesundenden Agieren. Alles löst sich auf in deiner Absicht, Mir zu dienen und dein Sein dem Meinen vollends anzugleichen. So sei denn deine Reise ein Beginnen ohne

Eigennutz und eine Siegesfahrt im Dich-Verschenken an das Weltenwesen, das da Ist in allen Dingen, die dich wild und wohlgemut umgeben. Denn auch in ihnen Bist du deines Wesens Zier und Zünftigkeit und erfährst dich schliesslich in der Redlichkeit des Sternenalls, indem sich dein Bewusstsein weitet in glückselige Unendlichkeiten, als von Mir gegeben und geführt, geheiligt und belebt in klingender Natürlichkeit und in der Zartheit allerfüllender Bravour.

1.11

Ich Bin der Träger der Geheimnisse des Lebens, unendlich tief gefasst, und was Ich will, ist, sie in keinem Falle preiszugeben. Ich schütze Mich, indem Ich eine Grenze ziehe, zwischen dem, was aus Mir quillt, und dem, was Ich Mir Bin im Unergründlichen der Sphären Meines Seins, die Mir allein in Ewigkeit gehören.

Das Zeitliche mag sprudeln noch so sehr auf Myriaden Lebensplätzen und Gestaltungen in ichbewussten Köpfen, wie den Wesen, die die Menschen noch nicht sehn: Ich schaue, spricht der Herrliche, und schaue Meinen Glanz und fühle, dass Ich Mir glückseliges Geriesel reiner Wonne Bin im absoluten Allgefüge.

Meister im Gluten Bin Ich in der Überlegenheit der Sterne, die, aus Mir gestossen, Meines Innenlichtes Abbild sind in aberwizigem Strahlen.

Was kommt, was geht, ist von Mir ein beredtes Zeichen. Ich Bin es nicht und Bin es doch im philosophischen Geplänkel, das die Weisen von Mir führen. Meinst du Mich zu fassen, greifst du unweigerlich ins Leere. Fassest du Mich nicht, so lächle Ich in dir der Welt die Seligkeit des Alls entgegen.

Alles, was du meintest zu erstehn, geht ganz in Meinem Willen auf, holdsel'ge Wonne in Mir zu erleben. Was du verschenkst, ist in der Andacht Meiner Züge Offenbarung reiner Güte als von Mir erfunden und bestätigt in der Tat. Der Rede folgt das Schweigen, das beredter ist als alle grossgeklotzten Äusserungen, weil es kommt von Mir und eben nicht zu zählen ist und zu begreifen in des Menschenvolkes Willen.

Derweil Ich Mich im Sternstaub durch das All verstiebe, ruhe Ich in unnachahmlicher Gelassenheit in Mir und taste nichts und niemand an, damit kein noch so leiser Schimmer von Bewegtheit Meinem Glücksgefühl zuvorkommt im Gefühle-Weben.

Amen, sag Ich und verkündige es allem Sein, das Mich erkennt, indem es sich veräussert und das Selbstsein niederlegt zugunsten Meiner Heiligkeit im Wunderbaren.

1.12

Allein nach dem Gesetz gesehn, ist alles menschliche Verhalten eingezwängt in einen Wust von Worten, die erstarrt sind in sich selbst im Paragraphenreiten. Wendest du davon den Blick Mir zu, ist alles fliessende Beweglichkeit und Schmiegsamkeit auf das hin, was die Dinge und Gegebenheiten wirklich noch bedeuten. Auferwache du zum ewigen Gut-und-Gütigsein in Mir und lass dich nicht beirren von der Fülle der Beschäftigungen, die Ich dir auferlege.

1.13

Bei Licht betrachtet, sichern Meine Wege dir ein Leben in Holdseligkeit und perlender Gedankenfrische zu. Es schmücken die Propheten deinen Herd, o Mensch, in wunderbarer Regelmässigkeit mit Worten der Voraussicht am profanen Leben, und befördern so das Evolutionenträchtige, das seit Urzeiten durch die menschlichen Gemüter fliesst und mählich die Gesinnung und Gesittung wandelt, dem Urgöttlichen entgegen.

Willst du dich vertiefen, nimm die Schriften tiefer Denker und besinne dich, auf was sie dir zu sagen haben. Es geht nicht an, dass du Mir der Geschäftigkeit obliegst und dich mit Oberflächlichkeiten fütterst jahrlang, lebelang, bis du in Saus und Braus in deiner eignen Traumwelt untergehst und ohne einen Funken Meiner Herrlichkeit erfasst zu haben.

Beinahe müssig ist's zu sagen, dass die silberhellen Quellen deines Inneseins Gesandte sind von Mir und Meiner Güte an des Lebens Reichtum und Bewähren. Betrachte schliesslich alles als von Mir gegeben und bewegt und schwinge dich zur unerschütterlichen Hochfahrt und Gefolgschaft auf, die Mir gebührt und die wohl ansteht deinem Wesen in der Schar der Suchenden nach neuen Werten und Gelegenheiten zur Vollendung in der Tage Licht und Wehn.

Du Bist, will Ich dir sagen, so wie Ich dir Bin, das Ein und Alles in des Seins Verfügen und Genügen, in dem wunderbaren Wechselspiel von Auftritt und Verschwinden, Neugeburt und leis Hinüberleben in die Sphären Meines Treuseins an Mir selbst in dir.

Du wappnest dich, indem du Meines Wappens Würde dir voranträgst allezeit, und ohne noch zu wanken oder Meine Winke minderwertig und banal zu finden. Koste Meinen Trost und sichre dir den Durchblick durch die Maschen der Vergänglichkeit, damit das Ewige vor dir erblüht allwie ein wundervoller Garten, der dich in Glückseligkeit und Wachheit kleidet im natürlichen Gefolge dessen, was du für Mich tust.

1.14

Im Geiste arm und reich an Gnaden Bin Ich in der wunderbaren Gottnatur, die Mir zu eigen. In Mir schmelze Ich dahin in Ehrfurcht vor Mir selbst als Träger der Unendlichkeit des Seins im vollen Lichte des Verklärens. Schweigend steh Ich in der Andacht Flor und übermittle, was sich Mir ergibt an weisem Aneinanderfügen von Bedeutungen, die Ich Mir selbstbewusst vergebe. Ich lasse Mich von dem beglücken, was Mir aus dem Reich der Unvergänglichkeiten zukommt. Eine ruhevolle Aussicht in die Fernen liegt in ihm und befruchtet, was Ich Bin, fürsorglich und gediegen.

Mach dir nichts vor, solang du Mich nicht kennst in deinen Gründen, und anerkenne deine kleine Grösse vor dem, was Ich in dir Bin in allen Sparten des Zusammenlebens und des Webens an der Weltenohnmacht, die Mein Teil ist und Vergüten. So geschieht's, dass du erkennst, mit wieviel Zauberfäden du verknüpft bist mit den Meinen.

1.15

Christus, Amen, Halleluja. Es tönt in Deiner Weise in Mir nach, wenn Ich nur Deinen Namen nenne und des Nachhalls Mir bewusst Bin, den er Mir im Ätherreich gebiert.

Eine Welt der geistigen Wirklichkeit ist durch Ihn zu verstehn und ist ins Menschenherz zu pflanzen durch die Träger Seiner Botschaft im Allhier. Was gelingen muss, ist, ganze Völker zur Besinnung anzuregen auf das Wirkende im Weltenschoss und die Verbindung zu Ihm herzustellen auf der Achse, die Ihm angehört, und die vom Erdkreis in den Himmel reicht der Seligen und Seinsgerechten ohne Zahl.

Klar ist Mir geworden, dass im Dom der Evolutionen Christus eine Lücke schliesst als Schlussstein göttlichen Erhebens.

Befreier und Beglücker ist der Christus in dem Mass, in dem du Seiner inne wirst in dir und in des Weltgeschehns Belangen. Er ist dir Vorbild und Gesetz und Offenbarer einer Seinskultur von Ebenmass, Beglückung, wunderbarer Anteilnahme an der Menschennot und unablässigem Vertrauen in den Gang zum Guten, dem wir alle unterstehn.

1.16

Was die Reiche deiner Himmel sind, lässt du Mich ahnen in der Schau auf Ätherräume licht und schön.

Alle Wunder unbeschwerten Lebens zeigen sich in ihrem Glanze und beglücken Mich und Meinesgleichen hoch und hehr.

Wohlgestalt und heiter hüllt die Lebensflamme die Gesandten reiner Güte ein, die sich als Offenbarer des Unendlichen verstehn. Ihr Lächeln zeugt Vertrautheit in den Sphären des beglückenden Verweilens; ihre Hingegebenheit an, was sie sind, gebiert Bewunderung und wunderwirkenJe Gedanken in der Seinsstruktur. Mir ist nun gegeben, in der überirdischen Beschaulichkeit zu ruhn und in Mich aufzunehmen, was den Weisen frommt und was die Redlichen in Fülle zu erwarten haben. Geringem schieb Ich einen Riegel vor, das Sanfte lass Ich sich in Mich verströmen und das unfehlbar Gewordene bereitet Mir den Weg zu hunderttausend Wohlbekömmlichkeiten.

Ich lange nicht nach Glück, weil Ich es schon voll Verve und Wohlverstand für Mich gepachtet habe. Von dem, was uns die hohe Schule lehrt des Überwindens aller Gegensätze, Bin Ich ganz durchdrungen; so darf Ich Mich ergötzen an dem Einen, das da Ist und seine Regel in die Weltenpracht versprüht.

Nicht getan ists mit Bewundern, selber Wunderbares darf Ich tun, indem Ich aus Gedankenschaffen, Kraft und Lauterkeit Gewinste auferstehen lasse überragenden Bedeutens, die Gewaltige zieren und der Enge vieler Herzen Labsal bringen und die Wissenschaft vom Freisein der erschütterten Natur.

Kannst du ermessen, welche Fülle im Erlangen liegt der Ansicht, dass die Götterdinge schön sind und taufrisch die Räume, wo sie sich bewegen. Kannst du Kraft aus ihnen schöpfen, wirst du selber schön und darfst genügsam und ins Sein geboren deine Wunderkreise ziehn.

Es ist ein Wirkliches an aller Welten Weg geschrieben, das im Einklang steht mit den Bedürfnissen der Zeit und mit dem Vorwärtsschreiten ihrer Waffenbrüder. Kämpfe du, und kämpfe für das Leben deiner Seele in der Hoheit deines tröstlichen Geborgenseins in Mir. Dir gehört das Sein, wenn du dich von ihm anerkennen lässest, als ein Bildnis wahrer Treue, Strebsamkeit und Güte dem Lebendigen gegenüber. Ich erhebe dich ins Rechte, wenn du noch so linkisch bist im Mir-dein-Jawort-Geben und Nach-Mir-Streben-offenbar.

Leis und seelenselig lass Ich vor Mir selber Mich verglühen in des Tages Abschiedszauberspiel am Farbenhorizont, den Ich zu Meiner Lust kreiere. Was dämmert, muss auch wieder auferstehn, und was sich liebt, muss für sich immer wieder Lieblichkeit und Wonne zeugen.

1.17

Seinsgestalter und Verwalter Bin Ich Mir in kluger Übereinkunft mit dem Ewigen, das Mich durchpulst und das Mein Sein behütet, stärkt und unfehlbar der Seinsvollendung zuführt durch Äonen.

Aus Urfernen schreite Ich Mir selbst entgegen im Bestand der Myriaden Wesen, die da Sind und die im Überragen ihre Stärke präsentieren.

Ein Sinngebet Bin Ich Mir vor dem eigenen Altar, ein Kenner Meiner Güte und ein Lobgedicht an die Adresse Meiner selbst im Wortversenden.

Ich rühre Mich im zarten Weh, das Mir das Liebesein bereitet, als Gefangener der Weisung, Mich zu verlieben in die Anmut, die zierlich selbstbewusst an Mir vorübergeht. Was Ich Mir so bereite, ist elysische Bekömmlichkeit am Weltreich, dem Ich vorsteh als ein grosser Schatten, als ein glänzend

Licht, von dem die Kunde geht, es sei mit allgewaltigen Perspektiven und mit liebevollem Sinn für jedes noch so winzige Angebind versehn.

Das Einzigartige Bin Ich in jedem Glück, das aus dem Tugendhaften aufspringt, seligen Genügens, Bin eine volle Sorgenkammer, wo die Eigensinnigkeit sich breitmacht im Gefühl.

Ich zeichne liebvoll Meinen Sinnspruch in geöffnete Annalen und treibe Wunderwerke in die Höhen Meiner selbst, vom Edlen insgeheim bewundert und vom Starrsinn fachgerecht verhöhnt.

Mein Sein ist deins und wird es bleiben durch die Wiederkünfte deiner Kür in dem, was Gläubige das Göttliche und Kenner schlicht das Seinserhabne nennen im grandiosen Welttheater, das da seine Künste feiert, seine Lüste und sein Weh.

Ewige Wachheit ist Mein Los im Andersartigen, das Ich begründet habe, seismographisch das Gefühl, mit dem Ich die Allweltenregung registriere. Eingesetzt in jedes Wesen, trachte Ich darnach, die Ruh zu finden vor Mir selbst, indem Ich Mich zur Weiselosigkeit verglimme, wo Wonnesein und Innigkeit den Zeitlauf überleben, der in Meinem Allschoss seine Wesenskreise zieht.

1.18

Nichts und alles ist das Weiselose, das Ich vor Mir seh, glückseligen Gewinnens neuer Einsicht, Sein in unumstösslich reinem Schweigen. Aberwille ist es, unvollbrachte Tat in der Gewissheit, dass sie sich einmal doch vollzieht. Unfehlbar Bin Ich und absichtslos in Würde, ruh-voll der Betrachtung Meiner Seinskraft hingegeben.

Lass Ich Mich so gehn, so weiss Ich Zärtliches in Mir zu finden, das sich verwallen will an irgendetwas in urweiten Fernen. Schönheit nenn Ichs, ohne sie zu kennen, Lieblichkeit an sich in voller Konsequenz des Mich-an-sie-Verströmens.

Kein Ort, nur Sein in Ohneraum und Ohnezeit und graziöser Feine, trugschlussfrei im Stillstand des Gedankenkreisens, Ursprung ohne noch zu springen, in seelenvoller Wonne lächelnd vor Mich hin.

Der erste Ton noch nicht erklungen, der Stille der Unendlichkeit nichts angetan; das Ewige allein zu sein, ist Mir gegeben, jünger als blutjung, ganz ungewissenhaft und ungefärbt und völlig unerfahren, wünschelos, in einer Fülle der Potenz von unermessnen Graden. Lichtheit Bin Ich, ohne Licht zu sein, das Schwebende, das nicht kann fallen, Liebendes als Urtrieb des Sich-selbst-Verschenkens, nicht bewusst gewordenes Idol.

Ich Bin Mir selber das Geheimnis des Erwägens Meines Seins im Rätselrollen unbegriffen, unbenannt dahin. Nur Mir gehörend, Bin Ich nichts als Ohr, in das sich noch kein Wort gesprochen, Herz, noch keinen Schlags bewegt, und wenn Ich Meinem Schweigen Durchbruch zu verschaffen wüsste, müsste gleich darnach die Sehnsucht nach dem seligen In-Mir-Verweilen Meines Wesens höchstes Ziel und inniglichster Aufwall sein.

1.19

Das Sein der Myriaden Innovationen Bin Ich Mir, so abgeklärt, wie nur die allerklarsten Wasser sind, so altklug, wie die Spinnen, die sich blindlings ihres Netzes Wunderwerk kreieren. Niemand wird bestreiten, dass kein noch so hell geführter Lobgesang genügt, das Meisterhafte, das Ich wirke und versteh, gebührend zu besingen, denn selbst das genialste Halleluja läuft Meinem Ruhme hintennach, und ohne Mich je einzuholen.

Was es braucht an züngelnder Gedankenschärfe, Schmiegsamkeit, Erfahrung, Homogenität und liebevoller Kraft des Ziselierens kann nur der ermessen, der Mich selbst geworden ist, in der Erfahrung seines Seins in Meinen Gütegraden.

Muscheln schafft sich Mein Gehör, die Mir die süssesten der Weisen ins Gemüte führen, dass Ich entzückt in Mir ersterbe, um Mich darauf begeistert in den Himmel reinster Wonne zu erheben.

Was Ich Mir gestatte, stattet eine Welt mit Ratsam aus, der sich als allerbester Seelentrost erweist, den die Beglückten sich zu wünschen wagen. Niemals wank Ich her und hin und geh geradewegs dem Ziel entgegen Meiner Eigenart zu sein und Ausserordentliches zu bewirken, souverän im Ringen, voller Grossmut in der Wundertat des Preisverteilens.

Siehst du Mich am Werken, meinst du, dass die Züge auf dem Lebensschachbrett sich von selbst vollzögen, so einfach genial erdacht sind sie. Trugschluss über Trugschluss lässt du durch die Lüfte fahren, weil du Meiner nicht gedenkst am Schaltpult der Gesetze, die da sind und seiend ihres Wirkens Kräftefall vollziehn.

Sein ist Anfang ohne Ticken, Ende ohne Schlusspunkt, Abgrundsgähnen in die Lichtheit ohnegleichen, die Ich Bin in der meisterlichen Vision der Heiterkeit, in die Ich Mein Besinnen hebe. Trag Ich Lasten, halt Ich sie so balancierend in der Schwebe, wie es Negerinnenhäupter tun, in der Natürlichkeit des Schreitens, Grazie verströmend um sich her. Was ist es, das Mich adelt, wenn nicht die Geselligkeit, die Ich mit Meinem seinsbewussten Anhang pflege.

Es ist ein Hier und Dort und Überall von geisterfüllten Wesen, denen Ich Präsenz und Fülle Bin in makelloser Schneidigkeit und Resonanz des Umgangs von unübertroffner Güte. Ein Mich-Verstrahlen ist es, sommersonnenweis' in liebevollem Gleissen, in dem sich Welten räkeln und Durchtriebene ihr Süppchen wärmen, ohne das Verschrobne ihrer Tat zu sehn.

Meiner eignen Vielfalt Zeuge Bin Ich, ohne je Mich zu verzählen an den Einzelheiten, die Ich Mir gewähr. Numismatiker von höchstem Rang, verteile Ich das rar Gewordene mit Nonchalance an die getreuen Sammler Meiner Seinsepochen und präge zugleich neue Münzen für Mein schmuckes Kabinett im Seinsbrillieren.

Nichts darf sein, was nicht Vollendung anstrebt grenzenlos und graziös, tausendmal gesiebt und goldgekrönt im Jubel der Beisterung, die ihm gebürt im Mich-gebürend-Feiern allweit hoch und hebt.

Lauf Ich eine Meile, unterlauf Ich sie am nächsten Tag, keiner wird Mich finden bei den zweiten, oder dritten, oder irgendwo. Ich Bin das Eine und die Eins, das Einige sowie der Einstieg in die Sphären der Glückseligkeit am Sein im leis verebbenden Getriebe. Genügsam an Mir selbst, erwäge Ich nichts mehr als wonnelichtes Schweigen, in Gestilltheit, sagenhafter Minne und Gelöstheit sonnenklar.

1.20

Das Ich-Bin-Blatt hab Ich aufgeschlagen und verzeichne dort den Segen, den Es Mir bereitet als das Festgeschenk und die erlösende Majuskel in der Tage grüblerischem Wehn.

Ich habe Mich im Griff, bedeutet Es, verwandte Kümmernis und Zagen in das Hochgelobte, voll Gebändigte, das allen Wesen als erstrebenswert und aus der Enge führend vorkommt, seinsreal und wie im Märchen auf der sichern Seite, wo der glückerfüllte Ausgang schon zu Anfang feststeht in den Königtümern, die wie Brot und Wein darin gehandelt werden.

Dass Ich Bin in deinen Gründen, öffnet Tür und Tor zur Glättung aller Lebenswogeneien. Denn es legt das Gut' und Böse, Schön' und Hässliche, das Schroff' und Liebenswürdige zu jeder Stunde auf die Waage der Gerechtigkeit, und schafft damit den Ausgleich, der zur Stillung führt der auseinander-driftenden Begriffe, und zum Seinsversöhnen in dem Einen, das Ich Bin und das die überwältigende Hoffnung ist der Völker auf Geborgenheit, Glückseligkeit und Frieden.

Wie gemalt steh Ich im Rampenlichte der Gerechten aller Tage Meines Flutens. Ihr Leben ist nach Meiner Seinssubstanz und Meinem Treusein im Ermuntern und Befehlen ausgerichtet. Meiner Stimme und Gestimmtheit nachzufolgen, ist ihr Ziel und ihres Schreitens Abergründigkeit, die von den Weltlichen belächelt und von Weisen mit dem Lächeln innigen Verstehns quittiert wird, als das Wesentliche, das zu tun ist, schlicht und floskellos im Ewig-Grünen.

Unbändig Feuer der Begeisterung muss lodern dort, wo Ich den Anschluss an Mich selbst gefunden habe und im Geisterwallen weiterzieh zu einer gloriosen Pilgerfahrt ins Land der Gnade und der Majestät, der Folgerichtigkeit und der Erhabenheit in wunderbarem Selbstgenügen.

In ihm ist alles rein und hell und frei und traut und zart und schön. Die Ideale sind's, die in ihm aus der Wurzel spriessen. Das Lebenselixier gewinnst du dort, und hinter deinen Schritten blüht und duftet alles wie in einem exquisiten Märchengarten.

Wachheit ist der Würdigen Los im seinsbedingten Auferstehn zu absoluter Blüte, zum Können, ohne es gelernt zu haben, und zum Königtum der Sphären, das den Seienden bewusst und offen vor dem Strahlenblicke liegt.

1.21

Reden: Silber, Schweigen: Gold, Glückseligkeit und Wonne am Verweilen. Hast du nun des Seins Erhabenheit in dir begriffen, füllt sie wie ein Flächenfeuer dein versammeltes Bewusstsein und erfüllt das All in deinem Dich-Befinden. Keine Senke, kein Erheben ohne dich und jenseits allen Fahnenflatterns, dich im Unergründlichen, Unendlichen, dem alles Geistgepränge innewohnt und aller wahren Wirklichkeit Gesang und Fluten.

Eine Welt des Wohlverstands und der Gerechtigkeit bricht auf in dir wie eine Knospe, wie der reine, stille Morgen im Gebirge, strahlend, liebetraut und schön. Vereinigung im Glück der Stunde tritt da ein, wo Ich Mich finde und bestätige als feingefühlte Seelenwirklichkeit im Überweltlichen, des Wesensfülle aus Gedanken und Gefühlen, Persönlichkeiten majestät' scher Prägung und Gesandten lichter Himmel, heiterer Elysien und Sphären voller Harmonie und Grazie besteht, in denen unser Sein Erfüllung findet in der Würde der Äonen.

Sonnenglutgebadet, freigelassen fühlst du dich im Lächeln der Allewigkeit und atmest das Arom der Fülle der Verheissung, die sich im Göttlichen begründet und ins Überirdische erhebt. Du schweigst, derweil sein Anblick Freudenfeuerströme in dir zeitigt und dich auferweckt zu einem Schauer der Begeisterung am Sein an sich, das du erkennen darfst als Das in deinen allgebornen Fibern.

Feierlich bekleidet mit dem Seinstalar, bewegst du dich durch Ätherräume wunderbaren Glänzens und erinnerst dich an alles, was du je in dir erschufst. Gewaltig deines Schaffens Grossmanier, unendlich züchtig deine Scham im Dich-Verbergen vor der eignen Grösse, die im Einen doch besteht, das du dir Bist in allen Regionen, Zeiten, Räumlichkeiten und Verbindlichkeiten je und je in dir gediehen.

Günstig ist dir jede Stunde, eine Gnade ist sie Mir, wenn sich die Dinge zur Vollendung fügen und die Meisterschaft ihr Glöcklein läutet an der Lebenstür, Nicht Ich, das Sein beliebt, sich anzumelden, nicht Meine Würde, seine ist es dann, die eintritt und das kleine Haus erfüllt mit Odem der Unendlichkeit und einer Wonne ohnegleichen.

Ewig ist, was Ist und was sich senkt und hebt in immer-währendem Gedulden an sich selbst und seinen Myriaden. Ewig ist die Wiederkunft im Auferstehn und Blühn und Duften neuer Welten, im Erfahrung-Sammeln und Dem-Reifen- still-Ent-gegengehn.

Himmlische Gelöstheit folgt dem Sehnen, Lieblichkeit der wahren Liebe, Aufgelöstheit dem Getriebe, Seligkeit dem Lustigsein und Weiselosigkeit der Weltenweise in der Art des reinen Seins, zu der sich alle Göttlichen erheben.

1.22

Königlich bewegt sich einer, der erkannt hat in der Wohlgewogenheit der Sphären. Seinsgewandt und sicher paradiert er vor den Grössen seiner Zeit und bändelt an, wo immer es ihm scheint, dass ein Vertiefen seiner seinslebendigen Erkenntnis für die Welt von Nutzen sei.

Alles wirklich Wirkende ist nur im Geistgebiet zu finden, dem die Gottgeweihten vorstehn, hierarchisch eingestuft in Rang und Namen, nach dem Mass, in dem sie sich in ihrem Sein entfaltet haben.

Wo Bist du, Samuel, ruf Ich einem jeden zu in seinen Nächten, all so lang, bis er sich aufmacht, aus der Dunkelheit ins Strahlenlicht hineinzugehn. Es ist ein recht geschmeidiges Vorwärtsschreiten, dem die Wägsten Stand und Würde, Einfluss, Wachheitsgrad und Seinspotenz verdanken. Ihnen zu gehörst auch du, wissend oder unbewusst in einer aberreichen Skala von Bewertungen, Errungenschaften und erfahrnen Sensibilitäten.

Du selber stufst dich ein und wirst dich immer dorthin stellen, wo du hingehören willst, nach deinen Selbstbehinderungen oder deinem unnachahmlich königlichen Schreiten im Äonenschritt voran.

Wo immer du dich findest, Bin Ich deines Wegbereitens Eigenart und deiner Schritte Vielfalt in der Seinsgestimmtheit deines Willens und der Richtung deines Dich-Entfaltens. Verwandlung wirkst du ganz allein, indem du dich mit immer neuen Maskeraden schön machst oder hässlich, seinspassabel oder spröde, drückebergerisch und wieder offen für die Welt um dich in seinsverschwenderischem Dich-Verströmen.

Hast du Anschluss an dich selbst gefunden, findest du dich zugleich auch in Mir, und bist begnadet und gefeit in allerhöchsten Graden. Kaskaden von Glückseligkeit hinaufzustürzen, ist dir dann gegeben; Windsbraut Dem zu sein, der Ist und wacher Seinserlöster unter Freudentränen.

Endlich ist es dir gelungen, ganz gefügig und ergiebig der zu sein, der du schon Bist, das All zu küssen und den Weg, auf dem du zu ihm wandelst. Wie aus dem Steilhang ausgestiegen, trittst du in des Hochgebirgs verschwiegnen Märchengarten und geniessest mit den Seinsverklärten deiner Ruhmestat Gesetz und Ziel. Deiner selbst bewusst Bist du, ein Vorspann abergründiger Heiterkeit und eine Zierde der Gestalten, die da sind und still ihr Schicksal und ihr Glück beweinen.

Ihre Lobgesänge schallen durch die Hallen der Klausur, in der die Seinsgerechten ihre Dankbarkeit vollziehn. Unumwunden geben sie ihr Mündigsein, wie ihre Mickrigkeit, bekannt vor dem, der immer noch an Übermacht und Grösse alles übersteigt, was sich erdenken lässt in noch so grandiosen Zügen.

Du schweigst, indem du dich für Mich ereiferst und gehörst dir selbst, indem du Mir gehörst für Zeichen und für Zeiten, ohne Mich zu sehn, doch in der Seligkeit, Mich ganz und gar zu spüren.

1.23

Jesus Christus, Gottes lieber Sohn und Heiliger der Menschenwelt mit deinen Gnaden, immer Bist du da im denrund, in Glanz und Strahlen, reiner Güte, Gebefreudigkeit und liebevollem Dienen. Das Zeichen der Vollendung ist auf deine Stirn geschrieben und bewegt der Herzen Vielzahl zur Besinnung und Gesittung und zum Anstand in der Welt der hunderttausend Seinsverlockungen und überraschenden Gewinste, die zu machen sind im Unnatürlichen.

Eine Woge von Barmherzigkeit verbreitest du in allen, die dich sehnlich suchen, und die Milde deiner Augen recht verstehn.

Voll Sanftmut und Begreifen gründest du das Königtum der Liebe in den Sphären und führst eine Menschenwelt zur immerwährenden Geschwisterschaft hinan, in der die Hilfe in den Nöten und die Freundlichkeit des Gebens selbstverständlich sind im liebeschwingenden Äon.

1.24

Viele Wege, einzig' Ziel: Mein wunderbar gefälliges Rauschen. Stellst du dich in Meine Mitte, Bist du Mittelpunkt und Wesen aller Dinge, die da Sind und in der Sinn-kraft ihres Webens Meine Herrlichkeit verkünden. Gefügte sind die Meinen in die Lichtheit Meiner Züge ganz hinein, sowie sie allem Putz und aller Selbstgefälligkeit den Laufpass anbefohlen haben. Des Aufblühns myriadenfach belegter Ort bin Ich im Mich-in-alle-Weltenangelegenheitenkunstgerecht-Verschlaufen.

Magisch von Mir angezogen fühlen sich die reinen Geister in der Fülle ihrer Ich-Natur und drängen sich voll Liebe Meiner heiteren All-Gegenwart entgegen. Gezählte sind sie und Geweihte in des Herren Absicht und Verlangen, in der Munterkeit der Sterne und der Losgelöstheit ihrer wissenden Natur.

Von dannen ist gegangen ihres Eigenmütleins Oberflächlichkeit, derweil ihr wahren Wesens Leuchten zunahm mondgleich, bis zur vollen, überwältigenden Schöne.

Transparenz ist ihrem Sein gegeben ebenso wie Trautheit mit der einzigen Instanz, die Ist im weitgeschwungnen Allbeleben. Alles Dürftige entschwindet denen, die da Hüter der geheimnis-vollen Absicht sind zu sein in wachem, meis-terlichem Weltbegreifen.

Vom Rand zur Mitte geht ihr Fluten, vom Kleinlichen ins überragend Grossgefügte wallt ihr Sinnen in der Reife ihrer strahlend hell gewordenen Natur. Tabernakel ihrer selbst sind sie geworden, seelenselig, rein und unbeteiligt am Getriebe und Geschiebe der mit Weltenmacht Begabten.

Vorbild bist du, weil du Meiner Züge Nachbild bist geworden. Himmelhoch gesendetes Symbol der Toleranz, Gerechtigkeit und Liebe in der Schar der Diener im Gebäude der Wahrhaftigkeit und Tugend, der Herzbewegtheit und Barmherzigkeit am Welt-enwesen, das Ich Bin und das Gemeinschaft hält mit allen Formen und Besonderheiten des Erscheinens.

Bist du, ist die Frohnatur und das Glückseligsein in dein Bewusstsein eingezogen. Deine Tage sind ein einzig Fest von lächelnder Begierdelosigkeit und liebevollem Seinserröten an der Tafel aller Bräutlichen, die sich dem Einen wunderbar vereint und angedichtet haben.

Was du vordem nicht wissen konntest, ist dir nun bekannt in allen Variationen des Erlebens. Was dir verschlossen war, gehört dir nun in Meines Offenbarens Fabelhaftigkeit und Minne an den Meinen. Fern von Weltentrott und Zagen lebst du nun im Wirklichen, das über allem waltet und Beginn ist und Vollendung einer Zeit, die unfehlbar ins Ewige mündet und Gediegenheit bedeutet aus der Fülle Meines Mich-Verstrahlens. Wonnesein in Wachheit und begeisterndem Elan, ist aller Würdigen Los in Meinen Räumen und Beteiligung an Meinem Werk ihr überglücklich Tragen. Aus Angefangnem sind sie Satz geworden in vollendeter Manier, aus Bruchstück Dom der Herrlichkeit in wohlgefügten Quadern. Im Innern Bist du froh und voller Andacht an dem grossen Werke, das du mitgestaltet hast in liebender Bewegtheit, in der Stille wohlgeborgen ganz der Güte Meiner Gegenwart dahingegeben.

Amen ist Mein Wort zum Ausklang der Geschicklichkeit, mit der Ich aller Welten Lust und Weh verwalte und gestalte, aufwerf und der Heimkunft übergebe als Mein Sinngedicht von Schönheit, das aus überwältigendem Schaffensdrang erstand.

Wiederauferstehn zu neuer Blüte ist Mein fürstlicher Gesang und Meines Herzens immerwährend hingegebnes Sich-Verstrahlen.

Im Allhaupt Geisteswogen, wo sich alles abspielt, was da Ist und wirkt und webt und Aberkreise zieht, Myriaden Sonnen, eine Schau von immanentem Gotteslicht und Strahlen, sind der allerdichteste

Gedankenstoss, der das Ich Bin verrät, das hinter allem ist verborgen.

Es ist die Regsamkeit des Seinsgewissens überall, die sich veräussert bis zur menschenweltlichen Betiebsamkeit mit ihrer Wohlfahrt, ihren Tücken und der Geister Runde, die sie antreibt und geflissentlich vermehrt.

Bist du still in dich gegangen, schwindet alles Lärmen und die Wohnstatt des Unendlichen liegt weitgedehnt und weisheitduftend, sinnbegabt und seelenvoll vor dir.

1.25

Es muss wohl sein, dass alles sich auf Eines nur bezieht im Hochgesang der Welten. Es ist, dass alle Kräfte sich die Hände reichen in der ungeheuren Geistkultur, die sich vomOberen zum Unteren mit unnachahmlichem Geschick verbreitet. Alles Sein ist so, indem es seine Runden zieht im weltlichen und überweltlichen Getriebe. Lass es gut sein, dass das Antlitz deiner Tage Meine Züge trägt in wunderbarer Ausgeformtheit und in unnachgiebigem Elan des SichGestaltens nach der Regelmässigkeit von Meinen Gnaden.

Hast du dies begriffen, löst sich dir die Frage, dass dein Persönliches im Grunde weiter nichts ist als ein abergründiges Mein-Sein-Verfluten und damit auch voll Sehnsucht, in Mein Selbstbewusstsein zu erwachen, in der überwältigenden Krönung Meiner Ruhmestaten.

Was immer edel ist und hocherhaben, prägt sich in den All-Tag Meiner Zuversicht hinein und wird sich mählich auch zum herrschenden Idol erheben.

Himmels Ratschluss und Befehl

2.1

Anerkennst du Mich in dir, ist alles gut und deines Herzens Fülle ist Glückseligkeit am Werk, das Ich geflissentlich an dir getan.

Warten und Erwarten in Demut und Verlangen nach dem Wort von innen, dass sich die Perlenschnur vor deine Seele legt und singt und atmet, leuchtet und verweht. Wie geduldig musst du sein, um solcher Gnade Strömen zu erfahren, wie naiv, dich aufzumachen, um aus des Himmels spiegelglatter Hand zu lesen.

Doch plötzlich sprudelt wie von ungefähr ein Silberquell hervor von immanenter Wunderkraft und Güte, von seinslebendigem Erwachen und Bezeichnen einer Spur von freudevoller Dienstbarkeit im Sich-Vergeben. Es ist kein ird'scher Strom so mächtig wie der Gabenfluss aus Himmels Ratschluss und Befehl. Kein Tauschen unbekümmerter, als das so reizende Gedankenfeilschen her und hin, wird dein ergebungsvolles Wohlgefallen finden.

Dass die Geister sind und dass du Bist ist wie mit Feuerleitern in dein Herz geschrieben und erweckt die vollste Seinsbegeisterung in dir. Es mag ja nur ein Anfang sein, ein Einstieg in die erste Zeile, was dann einem Schwall von Worten ruft, die allesamt das Unvergleichliche besagen, und das ist das Ich Bin in allen Variationen.

Ich habe dich in deinem Leib gefangennehmen lassen, um dir die Macht der Geister zu bezeugen, und habe dich gepeinigt bis aufs Blut, damit du endlich Meiner Güte inne wirst, die immer nur das Beste für dich will in deinem Lebensstil und Wollen, deinem Trend, dich zu vergnügen, wie dem Ernst, mit dem du Meine Dinge suchst, solange, bis du fündig wirst in geistesgolddurchsetzten Gruben.

Ich mache dir nichts vor im Schwall der Hoffnung, den Ich dir bereite, indem Ich alles, was du wirklich willst, aufs peinlichste erfülle und dich deines Weges ziehen lasse, mit huldreichen Liebesgaben.

Trag Sorge zu dem Schatz, den Ich dir mitgegeben auf die lange Reise durch das Sein in blühender Lebendigkeit und im Prozess des Lernens durch Jahrtausende, die gnädiglich dein Seelensein ertragen.

Gemütlich willst du's haben, und hättest dich zu sputen, dass du den Anschluss nicht verpassest an die Drift der Evolution, die still und mächtig durch die Menschenvölker zieht. Tag für Tag Bist du in dem gefordert, was dich weiterbringt im Fach der Tugend und des Lernens, wie man menschlich wird in allen Sparten des Agierens und Geduldens, des Forcierens und Bescheiden-hinter-deinem-Leuchten-Stehns.

Du Bist nicht irgendwer, denn du vertrittst die göttlichen Belange, in denen Ich dir Pate steh und nimmer Ruh gewähre, bis du ganz im Sinn der hohen Geister wandelst und dabei gewahrst, wie unvermittelt fein sie dich durch deine Lebenskreise führen. Du magst dich noch so wild gebärden und wie ein Rösslein Streiche durch die Luft voftziehn, Ich zähme dich in seinsgeduldiger Manier und trau dir zu, in dir das Höchste zu erfahren, das Ich Bin und das dem Leben unerschöpflich treu ist in der Glorie seiner seinsbewussten Züge.

Im Bewusstsein Meiner Stärke lass Ich Kraft und Liebeszartheit in dich fliessen; in der Andacht reinen Selbsterkennens trag Ich dir die besten Früchte zu von Lebensweisheit und Verlangen, gut zu sein und immer besser im Gewind der Zeit und im Gewimmel der vom Vielerlei Betörten, die die Winde der Verfänglichkeit durch ihre Lebensgassen fegen.

Öffne deiner Seele Mass und lass Mein Licht in Fülle in dein Innres fahren, dass die Helle dir zum selbstverständlichen Begleiter wird auf deinen Wanderungen zum ersehnten Hort des Friedens und des freudevollen Seins in Meinen hocherhabnen Räumen.

Wahrhaftigkeit des Seins will Ich verkünden über Berge, Täler, Auen, Ätherräume und Äonen hin. Dein Verlangen sei, dem Es zu folgen wie auf Wiesels blitzend schneller Spur, Sein Licht zu schauen, die bedeutendste Errungenschaft in deiner wunderbaren Ich-Natur.

Wie stehts um dein Gedulden, wo doch äonenlangen Reifens Früchte vor dir blinken? Was willst du noch ertragen, wo du schon so viel tragen lerntest durch Jahrtausende im Steinbruch der Geschichte, der dich prägte, den du prägtest Mir verschworen, ohne es zu sehn?

Bist du in Mir, ist deinem Fortgang alle Würde des Gerechtseins mitgegeben. Mein Ewiges durchströmt dich liebvoll und erhaben, traulich und gewissenhaft und heiligt alle Regionen deines Dich-Verflutens in Allräume, wie die Tragödie der Zeitenfolgen, die dein Erbe sind und deine Hochfahrt immerdar.

Nun hat sich dir die Kenntnis deines Seins ergeben und du Bist, dir selbst bewusst, vollkommen eins mit Mir und unerschütterlich mit Meinem Sein verwoben. Was willst du mehr, als dieser grandiosen Einsicht Freudenspiel erleben? Was kann dich mehr begeistern und beflügeln als das Wissen um die innewohnende Potenz, die dir von Mir zum Pfand gegeben?

Trifft dich des Seins Gewähr, hast du das grosse Los gezogen und darfst dich ganz dem Freudentaumel deiner Wohlfahrt übergeben. Du hast die Seinspartie zu deinen Gunsten ausgetragen, wenn es dir gelungen ist, in Meinem Liebelicht zu stehn, um den Duft der Wahrheit zu eratmen, der in allem liegt, was Ich Mir so bedeute und um Mich verbreite, wie im Aliraum, so in dir, als Morgengabe und Gewinst für Ewigkeiten.

Willst du gesunden, so gesunde doch in Mir, indem du aller Fülle Meisterschaft gewinnst und allen Wirkens Feuer-helle im Erglühn. Machtvoll und zurückgezogen zugleich Bist du in der Schau auf deine Sternenbahn. Allem einverleibt, was Ist, gewährst du dir im Schatten Ruh und in der Sonne die Erfüllung dessen, was du dir zu tun befahlst. Lächelnd trittst du aus der Strahlenflut hervor von Meinen Gnaden und gewinnst die Achtung der Getreuen Meiner Zunft und Zünftigkeit im Ausserordentlichen, das Ich Meiner Gattung zugeschrieben. Die Verwurzelung in Meinem festen Boden macht dich fähig, durch den Stamm zu spriessen in die volle Krone, die sich durch die Jahre immer neue Geltung und Ergiebigkeit verschafft vor dem staunenden Beschauen.

So Bist und darfst du sein in wunderbarer Ebenmässigkeit des Dich-Entfaltens und des wahrhaftigen In-dir-Beruhns. Im Sein Bist du der Seinsglückseligkeit vollends dahingegeben und erwirbst dir Rechte, die von Wonne und Beglückung triefen. Sei, so wie Ich Bin in Mir das Allerwendigste und Stillste, das man sich erdenken kann, und weile in der Wachheit deiner Züge als der Auserwählte, wie der Integrierte im urewigen Strom von Güte, heiterer Gelassenheit und Wohlbefinden in des Seinsumfangens Freudenstil.

2.2

Wo das Wirkliche dem Leben Weihe gibt und Segen, weitet sich die Seele zum Erleben strahlender Glückseligkeit im Sein an sich, in wundervollen Sphären.

Reiner Geistigkeit dahingegeben, weil' Ich dann im Ewig-Guten; Licht und Freude sind das Medium des In-Mir-selbst-Beruhns und sel'ge Wachheit die Errungenschaft wie die Erfüllung Meiner Sehnsuchtstriebe.

Wahr geworden ist, was eben noch so ferne schien, unendlich liebevolle Poesie des Daseins, was Ich als Meine Wirklichkeit erfühle. Glänzende Wahrhaftigkeit im Mich-Durchschauen leg Ich bloss und bade Mich in ihr in runden, vollen Zügen.

Was immer Ich errichte in gedankenvollen Stössen, ist schon da, kaum dass Ich Mir's bedacht, und setzt sich fort, bis in den Zauber wundervoller Gärten, in den Ich Mein Beschauen lege. Üppigkeit der Formen, Weichheit, Zartheit, Lieblichkeit der Farben, Düfte und Aromen füllen Mein Bewusstsein und erlaben es mit Wonne ohnegleichen.

Das ist nun die Stätte des Elysiums, die Ich von Himmels Gnaden zum Geschenk erhielt, der Ort der Seinsgerechtigkeit und Zärtlichkeit in einem. Es sind die lausten Sommerwinde, die Mich kühlen, feinste Früchte, deren Anschaun Mir den Hunger stillt, und jegliches Begehren ob der Schönheit, die sie in die Welt verstrahlen.

Ich schaue an und Bin, Ich Bin und schaue Mich im Guten ohne jeden Vorbehalt in reinem überirdischen Entzücken an Mir selbst und an den Dingen, die sich Mir gewähren im unendlich liebevollen Gotteswohl.

2.3

Ungemach und Leiden schmälern nicht den Willen des Ich Bin, zu sein und seine Rechte auszuüben. Es ist ein Ringen bis aufs Blut, das hier vonstatten geht und das in einem würdevollen Siege endet für den Kämpfer, der mit unnachgiebigem Vertrauen feststeht auf der Lebensbahn.

Gesundung allenthalben kündigt sich durch einen Vorgang an, den Ich Vergeistigung nenne, weil durch ihn das Fixiertsein auf die Erdenwerte aufgehoben wird zugunsten einer Schau der unsichtbaren Kräfte, die schlussendlich über jede Unbill triumphieren.

Allem Sehen in der Geistwelt folgt Verwirklichung im Diesseits deiner Lebenstage; dein Vertrauen mündet in des Freisein von der Erdennot. Nicht mehr deine Kleinlichkeiten hast du noch zu zählen, aber alles, was da hoch und heilig ist, gewinnt Bedeutung und erstrahlt im Lichte der Unendlichkeit zu deinen Gunsten und zur strömenden Glückseligkeit im Ewigen.

Und gibt es das, bist du geneigt, zu fragen? Ja, erwid're Ich aus der zutiefst gefühlten Inbrunst eines Herzens, das gelitten hat und in dem Leiden wie erstarrte und das dann Auferstehung feiern durfte in der Christuswesenheit, die das vollkomm'ne Menschenvorbild ist in allen Breitengraden.

So fügt es sich, dass eine Seele hell erwacht zur namenlosen Freude ihres Seins im Unermesslichen der Sphären. Ihr Bewusstsein ist dem Grenzenlosen wunderbar anheimgegeben und erfüllt sich mit der Wonne reiner Harmonie und überird'schem Fluten mehr und mehr. Was sie weiss, ist unauslöschbar wie mit Feuerschrift in ihre Innigkeit geschrieben; was sie uns verkündet, ist des Freiseins triumphierendes Idol.

2.4

Vollendete Ruhe im Sein, makellosen Gewahrens dessen, was du Bist in den unendlichen Weiten des Bewusstseins, die dein Wesen in sich tragen. Du schweigst, derweil der grosse Schweigende Ich bin in dir und deiner Absicht, Mittelpunkt der Welt zu sein und doch gespickt mit hunderttausend Nöten.
Weihe an Mein Eigentum Bin Ich, indem Ich dich mit Kraft bedenke und gezielt an deines Wesens Auferstehung wirke in die höheren Bewusstseinsgrade. Entspanne dich, ermanne dich, so frei und unberührt zu sein vom Weltspektakel, dass Mein Wort in deinen Gründen dich erreicht und dir die Aussicht öffnet auf Mein Überragen und Mein Wohl, Mein Lächeln in Genügsamkeit und Seinsgedankenfrische, Harmonie und Frieden.
An Mir ist es, von Fall zu Fall und immerdar Glückseligkeit zu feiern in unendlicher Bewusstheit und Getragenheit vom Allrand bis zur Mitte, von der Mitte bis zum Allrand und dann weiter, weiter in unendlichem Vermehren dessen, was Ich Bin in allen Regionen, Zirkeln, Wesensgründen, Tabernakeln, richtungweisenden Sentenzen, Seinsaromen und

schlussendlich Weiselosigkeiten, die da *sind* und sind in Mir.

2.5

Zum Sein ist alles oder nichts zu sagen, denn da Ist Es, vollendet schön und heitermachend, oder wieder flugs verschwunden. Ich liebe es wie eine Tüte duftender Kastanien und verberge Mich vor ihm, wenn es Mich schilt ob Meiner Unzulänglichkeit im Kegelschieben.

Ich weiss genau, Ich Bin Es, wenn Ich wie in einem Rausch von Wachheit bei Mir selber liege in der nächtigen Gesammeltheit der Triebe, Zuckungen und Wanderlüste durch die Räume Meines Über-Mich-Verfügens. Mäuschenstill im finsteren Ohoo, erklär Ich Mir das Lichteste, das Ist in Meiner Seinsphilosophie und leiste einen Eid darauf, dass Meine tiefsten Züge jenem Wunderbaren gleichen, das verborgen und doch offenbar die Dinge Meines Daseins lenkt und treibt und schlichtet, rötet und betrübt, beschleunigt und verzögert, in Trauer oder Freude taucht, so wie es sein soll, Meiner Gläubigkeit gemäss im Unerhörten.

Ich gestikuliere mit den Worten, wie ein Feriengast, der durch die Fensterscheibe in der Zeichensprache etwas mitteilt von Bedeutung, mitten im Juhee der Kuchenschlecker, Kaffeeschlürfer und Geniesser ihrer Losgelöstheit vom banalen Alltag. -

Wachheit wunderbar und seinsgediegen macht sich breit in der bewussten Schau auf Leben und Gefühl, Geschick und Leistungsfähigkeit. Dass Ich Mir Bin, hat sich als preziöse Rarität erwiesen, die wie ein Diamant hervorsticht, strahlend aus der Perspektive

Meines Lebens für die Dauer eines Augenblicks und schon für alle Ewigkeiten, die Mir noch zu sein beschieden sind.

Ich komm und seh und siege staunend wie der kühne Karl im Schlachtfeld Meiner Triebe und Verdriesslichkeiten und steh als einer da, der weiss, wie vor ihm alle Weltendinge sittsam und gezähmt darniederliegen, so dass Ich ihren Schmelz gebrauchen kann nach Meinem Seinsbelieben.

Wonnevoll und licht ist Mein Befinden, aller Ruhe mächtig, die da sein kann. In der Herzensmitternacht beweg Ich Mich auf leisen Sohlen durch die Märchenstille, deren Ich bewusst bin und in der Ich Mich allwie von einem Kranz des Lächelns allerliebst umfangen fühle.

Aufgetaut aus einer Eiszeit Bin Ich Mir ein Sonnentag im Sommergarten und beglücke Mich mit Erdbeereis und Sahne, mitten im berauschenden Arom, das von den Blüten Mich umschwebt und Meines Glückes Zeuge ist und Förderer im unvergänglichen Erleben.

Seinsbewusstheit, eine Poesie des Daseins sondergleichen, ein Ausbund ausgelassner Heiterkeit im Grünen und ein graziös gesammeltes Getrippel durch das kühle Gras von Kinderfüssen.

2.6

Teil oder Ganzheit sein ist hier die Frage; Zersplitt'rung oder Einheit, Hansdampf in allen Gassen oder Konzentrierter auf den einen Pol der Seinsnatur? Bin Ich das Eine oder nicht, sollst du dich fragen in der makellosen Stille, die die Wachheit zeugt in tiefen Nächten, wie das Erkennen in der wunderbaren Logik des Gedanken-Werdenlassens über dir?

Du schweigst und schweigst, derweil die Dinge um dich immer vehementer ihren Standpunkt unter- mauern als von Mir gegeben und geführt, vom Einigsein mit Mir berührt und ins Bewusstsein der All-Einheit eingeschlossen.

Das Sein Bin Ich, darf jedes Wesen ungeschminkt und offen zu sich sagen, das Überragende in einer Wirklichkeit weit über dieser Welt voll Eigen- süchtigkeiten und zutiefst gehätschelten Illusionen.

Machwerk ihrer selbst sind die in ihren Geltungstrieb Versunkenen, dem Schicksal Ausgelieferte, die grapschen nach Vermögen und Gewinn, soweit das Auge reicht im Überschauen der Verbindlichkeiten menschlichen Begehrens.

Nur in der Lauterkeit der Argumente wirst du deines wahren Fortschritts Blüte dir gestalten. In der Bedeutungslosigkeit der eignen Gnaden wirst du deines Seins Bedeuten fassen lernen, wie im Buch der Weisheit, das Ich vor dir offen-lege.

Frägst du Mich, so sag Ich lächelnd: Deine eigne Mitte musst du fragen und in ihr die Stärke, wie die Zartheit deines Himmelblauens sehn. Überzeugt sein sollst du von dem Wirken hochgebenedeiter Wesen im Geheimnis deiner Seinsstruktur, sollst aufmerk- sam auf die Impulse werden, die von ihnen ausgehn, um dich wachzurütteln und dein Leben auf die Basis der Verbindlichkeit mit Mir zu stellen, dass du mitten im Theater der Geschäfte losgelöst und heiter Bist in Mir.

2.7

Altklug, neuklug trittst du an in deinen inneren Dimensionen. Es ist ein roter Faden durch dein Sein gezogen, der dich durch das Labyrinth der Unerforschlichkeiten führt, mit einer Sicherheit, die ans Unglaubliche rührt und die dir ist von Mir verliehen.

Weisst du's, weisst du's nicht: Du sollst Mir immer dankbar sein für das, was du aus Mir geworden ohne das geringste Zutun deines menschlichen Brimboriums.

Es ist nicht schwer, ein stolzer Hahn zu sein und Würmer aus dem Mist zu kratzen, aber schwierig wär's für ihn, den Würmern Leben einzuhauchen, Wärme und Beweglichkeit und unerschöpfliches Vermehren. Mählich sollte jene Zeit für dich vorbei sein, in der du sangesfroh in alle Winde krähtest, dass sich alles in der Welt von selbst entfaltet hat: Aus Meer der Fisch, aus Luft der Vogel und aus Affenbrotbaumaffen schliesslich noch der Mensch mit allen seinen Geistesgaben.

Naturkraft ist nichts andres als Mein Wesen und die Schöpfung Mich in Aktion und Mich im unermesslichen Mein-Sein-Verfluten. Anerkennst du deine Ohnmacht, hast du schon das wichtigste der Seinsgesetze buchstabiert und deinen Kamm in Selbstzäsur beschnitten, zweifellos zu deinem grössten Nutzen und Gewinn.

Wie weise ist es doch, wenn sich ein Mensch dazu entschliesst, Mich als der Führer und die Krone seines Seins zu akzeptieren, ohne jede Hinterhältigkeit und in bewusster Allegrie des Dienens. Meine Felder blühen auf wie neu belebt nach einem Sommerregen, wo die Absicht waltet, Mich am

Ruder und am Werk zu sehn, in allen Fahrten und Geschäftigkeiten, glänzenden Sentenzen und Verdienstkreuzwanderungen, kreuz und quer durchs Leben hin.

Gelingt es dir, Mein Wirken in der Welt im rechten Lichte zu beschauen, tritt dir das Allgöttliche in wunderbarer Seinsgeschlossenheit entgegen als die neue Schöpfung, deren Glanz und Würde aus dem Inneren erstrahlt, von Mir gerundet und gesegnet, aufgestellt und abgerichtet in so märchenhaft gediegener Manier, dass es den Anschein macht, es sei von selbst geschehn.

Was aber dann zuvörderst zählt, ist Meine Liebe zur Geselligkeit mit allem, was da kreucht und fleucht und in die Ferne schweift im Spiel der Niedertracht und Grösse, der Ehrfurcht und der Zärtlichkeit, dem es sich voller Brünstigkeit dahingegeben. All so Bin Ich Gast bei allen deinen Mahlen und bei jedem Nägelchen, das du in eine Planke schlägst im Nützlichkeit-Vermehren.

Dein liebenswürdiger Gespan Bin Ich und will es bleiben, bis du einsiehst, welches Glück daraus ersteht, das Lebenslied voll Verve in Meinem Gegenwärtigsein zu singen, um dann vom Werk der Hände seinsbewusst und seelenselig auszuruhn.

2.8

In ein Meer von Güte tauchen wollen wir, um alles hinter uns zu lassen, was bedrückt und fesselt, alarmiert und aufregt, ängstigt und erschöpft in unserem Gewahren. Heimat finden ist als ein begehrenswerter Segensspruch in unser Hinterhaupt geschrieben, währenddem die Suche geht voran, nach allem, was da lindert, fördert und belebt.

Einmal wirst du Mich gefunden haben, wo?, in dir! Und du bezeichnest dich fortan als Wonneträger, Seinsentflammter, Gnadetrunkener und Heiler von des Gottes Wohlfahrt und Gedeihen, von Glückseligkeit und Lebensmut in unerhörten Steigerungen.

Allwie in einer hochgebenedeiten Schule sitzest du, das Alphabet der Geistwelt und des Ewigen zu lernen. Es prägen sich dir Worte ins Gewissen von der Wiederkehr auf Erden all so lange, bis das wahre Menschensein erreicht ist und die inneren Werte ihren vollen Glanz entfaltet haben.

Einen Vorruf in die Zukunft hast du Mir zu leisten in der seelenvollen Bitte ums Geführtsein von den Hochgeschlechtern guter Geister, die dem Welt-bewusstsein innewohnen; jene, die die Evolution im Grossen lenken und den Sieges-lauf bestimmen ins vollkommene Erkennen, was du Bist und was schlussends die Völker, Generationen und Geduldi-gen des Zeitenlaufs ihr eigen nennen.

Fassen wir zusammen, was da Ist, so zeigt sich uns ein all-umfangendes Gebaren, das voll Verve und Wärme das Erreichen allgemeinen Seinsgewissens in der Welt vorantreibt, als Hüter der Gesetze wahren Lebens, wie als Liebendes der Menschenschar, die Seiner Schöpfung Zierde ist und Seines Wahr-spruchs Gültigkeit im Seinserfahren.

2.9

Weltbetrachter, Seinsbetrachter bist du in des frühen Morgenschweigens Zierlichkeit und Wonne, in der

Wachsamkeit der Seele in sich selbst, wie im zutiefst beseligenden Frieden, den sie schauend darf erleben. So kann nur sein, wer Ist im namenlos gebeutelten Getriebe, so trägst du dir Bewunderung zu, der Lieblichen, die deiner kummerlosen Schritte Fürstlichkeit begleiten.

2.10

Ewig, ewig, ewig musst du, darfst du, willst du sein in ungeheuer weitgespannten Dimensionen. Für alles, was Ich Mir erschuf, tret Ich auch ein und ohne im geringsten Mich zu schonen. Es lauern Mir Gefahren noch und noch am Weg durch die Äonen, den Ich mit Mir geh, und die bestimmen Meines Seins Gebaren im Spannen Meiner Kräfte, wie Ich seh, Es zieht sich hin, es zieht sich her, was Ich in hellem Edelmut geboren und mündet in ein Freudenmeer, das Ich Mir ewiglich erkoren.

Es ist ein unermesslich Ringen um Präsenz im Sein in jedes Menschenherz geschrieben. Riesengross und winzig klein ist es im unerhörten Streben, All-Sein zu erlangen, mit seinserschütterndem Gespür.

Dort bleibst du seelenselig hangen, wo dir der Wonne Seim gefälliges Daheim ist, ewig zum Genügen. Ich pflege dich mit Weisheit zu begaben in Meinen wunderbaren Höhn und helfe dir, dein Schicksals Los zu tragen in aller Lebenswinde Wehn,

So komm denn, um dein ungestümes Weben im sich verflutenden Allhier, ins Richtmass Meiner Hand zu legen, damit es treulich sich erfüllen mag und sich das Wohlgefallen rege im ewig unerschütterlichen Tag, den Ich dir liebevoll vergebe.

2.11

Meiner Ich-Natur gemäss errichte Ich Gesunden, Heiterkeit und Liebenswürdigkeit in Meinem Mich-Begründen. Die Stille blüht, wie die Verträglichkeit mit allem Leben, wo Ich Bin und Meine Züge sich verbreiten.

Es geschehen Zeichen noch und Wunder, wenn Mein Gütegrad sich offenbart und wenn das Tänzerische, Unbeschwerte, Farbenleuchtende den Vorrang hat vor allen schicksalhaften Äusserungen, die an Meinem Dasein hangen und die ihm Richtung und Bestimmtheit zugestehn.

Das Gekonnte, siebenfach Bewährte sprudelt auf, wo Ich die Finger mit im Spiele habe. Es entfalten sich Gewissheit und natürliche Begabung aus der Fülle Meiner Möglichkeiten, sinngemäss zu handeln, das Wunderbare zu befreien und im schöpferischen Kräftefluss dem Unerhörten Raum und Form und Wesenhaftigkeit zu geben.

Ich erhebe Meiner Seele Lichtheit in den Wohlklang reiner Güte, der die Sphären mild durchwebt und Gewähr ist für elysisches Mich-selbst-Behaupten über jedem Weltgefunkel und Geschiebe. Meine allerschönste Seite stell Ich auf den Scheffel, dass sie Mir leuchte wie der Abendstern am nächtigen Gewölbe und Mir zeige, wessen Ich noch fähig Bin in Meinem wunderbaren Disponieren.

Unumstösslich ist die Wahrheit, die Ich Mir verkünde und mit der Ich Mich verbünde in Gewissenhaftigkeit und Ruh. Gestählt und auserwählt ist, was Ich Mir erkoren habe zur Begleitung Meiner Wanderschaft durch Wüstenstriche und durch blühende Oasen, durch Wildwuchs und durch Gärten von vollkomm'ner Schöne.

Mir gibt sich, was Ich immer will gebären und erklären, aus der Taufe heben und Bewunderung erheischend vor die Welten stellen, die berufen sind, es auch zu sehn. Magisch zieht das Seinsvollendete die Blicke an und zieht ein Raunen nach sich der Begeisterung und Wohlgestimmtheit, die die Angesprochenen von Mir erfahren.

So spriessen Glück und Friedefertigkeit an Meinen Wegen und Geringes wird gekonnt mit Glanz und Fabelhaftigkeit versehn.

2.12

Nur die Nacht enthüllt dir das brillante Funkeln ungezählter Sterne, die gar liebenswert mit ihrem Schein das himmlische Gewölbe zieren. Ebenso beglücken uns die lichterstrahlenden Momente in den Nächten unseres Lebens: Ein liebevoller Brief, ein freudestrahlendes Begrüssen. Unter so viel Sternen bist du nie allein; Du feierst ihre Feste mit und hüllst sie ein mit dem Bewusstsein grosser Liebe zur Natur und zu den Wesen, welche hinter ihr als Wächter ihres Gleichmuts sich verstehn.

2.13

Es trifft sich gut, wenn Stille, innere Ruhe und Beschaulichkeit zusammenfliessen und die streunen- den Gedanken zu dem einen Punkte der Erkenntnis führen, dass du Bist ein Wesen der Unendlichkeit, das sich in Fleisch und Blut und Sehnen inkarnierte, um den Schmelz des Lebens leiblich zu erfahren.

Was da atmet, sprosst und blüht, ist Ausdruck Meiner selbst, aus reiner Geistigkeit geboren. In allem habe ich Mich selbst erfunden, als der Ausdruck Meiner Fernen in der Näh'. Wachheit, Glanz und Würde hab Ich Mir errungen in der Seinsgestalt in dir und habe damit einen wahren Freudenzug getan.

2.14

Eindruck, Abdruck Meiner selbst Bin Ich im Seinsprozess, den Ich um Mich herum gewahre. Mich selbst darf Ich erlauschen im erlauchten Umfeld, das Mich leis umfliesst wie eine Götterherrlichkeitsparade, die Segen spendet, Leben und Gedeihen ohne Unterlass in wunderbarer Regelmässigkeit und Fülle.

In aller Freundlichkeit begegnen Mir die Ahnen Meiner selbst, mit denen Ich aufs innigste zusammenhange durch erlebnistriefende Äonen, in denen Ich Mich mühte Mensch zu werden in zierlich kleinen Schrittchen, ebenso wie eine ganze Menschheit in der Welten Chor.

Wie hab Ich Mich in vieles doch verbissen, das Mir nicht gefiel, wie oft lag Meine Spur im Argen, derweil Mich andre überholten und Mir Vorbild wurden für das unerschütterliche Weitergehn. Im Jetzt der Sinne treffe Ich sie wieder und begleite sie ein Stück weit auf der Reise durch den ewigen Zeitenstrom.

Hell und heiter ist Mein Schweigen, wenn Ich in Mir selbst der Ruhe pflege. Alles klar, darf Ich am Zaun der Hoffnung Meinem Nachbarn rapportieren, derweil der Windhauch der Gemächlichkeit Mein Innesein durchweht und Mich ins Wonnesein befördert, liebevoll und wahr.

Schwillt die Hoffnung, schwillt die Freude am erreichten Wohl, Warmgefühltes Liebelächeln hält Mich auf der Götterbahn, die Ich zu gehn Mir ausbedungen habe. Gewandelt hat sich das Geschick vom Unerlösten ins Bewusstsein der Allherrlichkeit der Tage, die in Minne und Gelassenheit an Mir vorübergehn. Die Sicherheit der Sphären macht Mich froh und lässt Mein Sein hinüberreichen in die Räume der Beglückung, Allegrie und Tugendkraft, die makellos vor Mir erscheinen.

2.15

In klaren, festen Zügen schau Ich, was Ich im Aliraumen Mir bedeute auf der Spur des Seins, die Ich mit Vehemenz und ausgesprochnem Findergeist verfolge.

In jedem Leben muss man drücken, ziehn, hinüber und herüber, um das Ganze zu erfassen einer Existenz von wunderbarer Ebenmässigkeit und Harmonie im innersten Gewahren.

Was Ich an Gedankengrösse in Mir seh, ist Mir empfindend dargeboten als das unvergängliche Agens der Welten, das Ich Bin so wahr, wie Meine Sonnen myriadenweis' das All durchkreisen. Das schöpfe Ich aus Mir als Inbegriff des Guten und der guten Zeiten, die Ich pausenlos heraufbeschwöre.

Es ist gesegnet und getan, was Meiner Absicht Fluss verleiht und Stärke, gebrandmarkt, was auch nur im mindesten dem Strom der Evolution zuwiderläuft, den Ich begründe, weil dem Höchsten alles dienen muss, was Ist und was die Räume füllt mit willevollem Planen.

Meisterschaft des Seins ist Meine Stärke; Meine Tat ein Siegeszug durch alle Regionen Meiner Häuslichkeit im Wunderbaren. Es ergibt sich immer das Vollendete, wo Ich am Werke Bin und wo die Rosse Meiner Zunft ihr Tagewerk vollbringen.

Alles Weltgeschehn ist unbedingt in Meine Hand gegeben und gehört dem Fabelhaften an, das Ich mit unerhörtem Eifer produziere. Ohne Ingrimm rechne Ich zur festgelegten Zeit mit Meinen Widersachern ab, nach Strenge oder Milde, je nach der Einsicht, die sie sich errungen haben.

Der Nützlichkeit gepaart ist Meine liebevolle Art, aller Dinge Lauf zur Schönheit zu bewegen. Graziöse Formen, lächelndes Begegnen, liebevolle Wachheit sind Meines Umgangs sagenhafte Zier sowie der Sitte meisterliche Gaben. Sprühend von Bewusstheit lass Ich Meinen Eintrag in die Welten fahren und belebe und beglücke sie, indem Ich alle ihre Wesen Stuf um Stufe Meinem Sein entgegenhebe und im Licht der Sonnen, alles, was sie sind, verkläre zur All-Einigkeit und Güte des Verschmelzens mit der Einen Liebesmelodie.

2.16

Ich schwinge Mich hinauf zu dem Gedanken, dass Ich letztlich Bin das Sein, von dem wir immer nur das Allerbeste sagen. Was das bedeutet, nenn Ich hier ein Freisein ohnegleichen, ein Aus-Mir-selber-Auferstehn und ein Gefühl der Wonne makellos und unbeschwert und wunderbar erhaben.

Im Gotthaupt Bin Ich eine Variation hellsichtiger Gedanken, Bin ohne Zweifel Mich als Eigenwesen und zugleich die Einheit allen Seins in wunderbarer Klarheit des Erkennens Meiner Züge. Glückseligkeit an sich ist Mir gegeben in der vollkommnen Ungebundenheit, in der Ich wese. Unermessne Seinskraft trägt Mich unentwegt voran in Meinem Ruhm und Meinen Ambitionen. Als Geklärter trag Ich Mich von binnen ins Äonenalter Meiner Wesenhaftigkeit und wandle, was Ich Bin, zu neu gesetzten Formen, neuem Feingefühl und neuen All-Gegebenheiten.

Wahrhaftig Vater aller Dinge Bin Ich Mir und Bin doch in der innersten Gewähr das Weiselose, in sich ruhende, glückselige Gewissen Meiner selbst im Wunderbaren.

2.17

Sowie die Wüste leer war, konnte Meine Fülle in sie dringen. Als ihr nichts mehr von ihr selber blieb, behängte Ich sie mit Geschmeide märchenhaften Reichtums aus dem Oriente und liess mitten in ihr Meine Lebenswasser spriessen. Komm und sieh, wie Ich die Weltenszene neu belebe; traue und vertraue dich Mir an, indem du deine Öhrchen öffnest, Meinem Meisterwort entgegen.

Lange Jahre brauchtest du, um unbemerkt heranzureifen an die Schwelle zum Bewusst-Sein und zur Neugeburt hinein in Meinen Strahlentag. Nun Bist du und erreichst damit die absolute Freude und den Ursprung deines Sehnens. Die Vollbringer einer unwahrscheinlichen Gediegenheit und Harmonie in deinen Seelenräumen sind am Werk, derweil du schweigend zuschaust und begreifst, was sie dir schenken: Fülle nach der Leere, Friedefertigkeit nach langem Hader. Heil und Hochgemutheit zu erleben, sind dir zum Inbegriff der Gottesgüte und des Fortschritts aller Menschlichkeit geworden.

Ergibst du dich, so wird dir alle Macht des lächelnden Erfolgs gegeben. Willst du den Sieg erreichen, brauchst du nur auf Meine Seite hinzutreten und beständig Meiner Hilfe Wohlfahrt anzuflehn. Ich begabe dich aus Meiner Hallen Überfluss mit allem, was du dir nur wünschen kannst. Doch Wünsche schmieden musst du selber mit Elan und unerschöpflichem Gedulden am Entfalten deiner Fähigkeiten. So erlangst du den Bezug zu Meiner Stärke, wie das rechte Mass in allem, was du baust und aufeinanderschichtest in den Träumereien deiner Wahl.

Ganz zu Mir erhoben, darfst du nun den Hauch Elysiens verspüren, in der Grazie der Zeit und in der wunderbaren Einheit mit dem All, die deiner Wesensmitte ist zum Ideal geworden.

2.18

Gelöst, erlöst, in dem allein, was seine Stätte findet im Ich Bin der Sphären. Mehrwert sondergleichen zieht in deine Seele, wenn du fähig bist, dich einer Grazie des Himmels hinzugeben, die allüberall als Sein sich offenbart und dir innig innigliches Glück beschert im Weiselosen.

Es ist die absolute Stille des Gedankenmeers, in dem sich dein Empfinden die Glückseligkeit erbadet, die es immerzu ersehnt, und die ihm Herzensruhe bringt und wohlerfahrnen Frieden. Wo alles schwankt, kann das Beschauende und Seelenvolle auferstehn, das Zärtliche kann um Erfüllung werben und das Liebevolle sich ins wagemutige Dasein giessen.

2.19

Durchbruch, Durchspruch in die Sphären der unendlichen Beweglichkeit und Lebenswürde, wenn du Meinem Dich-Bedrängen beide Ohren leihst und nur noch da bist, um Mein Wort zu hören. Eben warst du noch begrenzt durch deine Eigenwilligkeiten und nun fei're Ich des Freiseins Lust und Labsal, Güte und Manierlichkeit in dir. Du willst und willst und schon bist du ein Paradiesesvögelchen geworden, das im Farbenfederkleid sich durch die Lüfte schwingt im Lichtspiel zwischen Urwaldriesen und Lianen.

Frei bist du im selben Mass, wie dein Bewusstsein sich verändert, Meinem zu. Aus dem Mangel wird dir Fülle des Erspriessens, aus der Enge weiter, himmelblauer Horizont, indem du aufwachst und dich reckst, der blühenden Unendlichkeit entgegen.

Hast du dir je bedacht, dass du sogar das Unwahrscheinlichste und Niemals-zu-Erfüllende erdenken kannst und dass es dann im Denken schon besteht als Sein und Wesen und dich dann verfolgt in guten oder schlechten Treuen, so du's nicht entlässest, resolut und unnachgiebig hinter dir. Das Vernünftige wirst du nur allzugern im Aug behalten und behutsam fördern, bis es sich als Vorteil und Vortrefflichkeit erweist im auserwählten Leben.

Siehst du Mich vor allem auch in dir, wird deine Freude gross sein und dein Wirken wird bewusst den Hauch des Ewigen in sich tragen.

2.20

Geistvoll und gediegen nenn Ich Mich vor aller Welt, indem Ich Mich mit der Idee durchsetze, es zu sein in Meines Herren hoheitsvollem Namen. In alle Fernen schweifend Meiner Seinspräsenz, vertrete Ich, was Ich Mir Bin, durch ein Geflüster sonder Güte, das den Seinsgetreuen wie Musik klingt in des Herzens reichgeschmücktem Saal.

Jeder Sorge bar, berufe Ich Mich auf Mein Wesen als vom Lichte des Erkennens angeführt, in heitrer Schwebe. Voll Sinnkraft sollen Meine Gotteswerte gleichgewichtig sich verstrahlen.

Rein im Reinen Bin Ich Mir des höchsten Seinsbeglückens Ziel, und lasse Himmel über Himmel über Meinem Glücke sich erheben. Dem Lächeln inniger Andacht und Ergriffenheit dahingegeben, weil' Ich in der Gottheit Schoss und errichte Mir die Ahnung von der Ebenbildlichkeit mit ihren Zügen. Was Wunde; wenn der Vollwert der Begeisterung am Leben Mich durchzieht, wo das Natürliche Mir Verkündigung der Überwelt gewährt, in der Ich Bin und wese und voll Dankbarkeit Mein Sein vollzieh.

Unlösbar dem Weltgeschick verbunden, reih Ich Mein Bewusstsein in die Wesensbünde ein, die ordnend und gebietend, heilend und befruchtend allem überstehn und nur dem Einen huldigen, als dessen Fiber sie sich fühlen in der All-Textur.

Weich und zärtlich lass Ich Mich an Meiner eignen Seite nieder im Bewusstsein liebevollen Mich-Verschenkens an die Wesenswelt der Vielen, die Mein Sein als Geistgebild umwehn. Ihnen strahle Ich den Seim der Güte zu in Meinen besten Tagen und verrichte voll Behutsamkeit und Seelenstärke eins von vielen Werken der Barmherzigkeit an ihnen, so wie sie das ihre auch an Mir verrichten. Unbeschreiblich ist die Wohltat, die sich Engelgleiche antun in der Lieblichkeit der Sphären und der Liebenswürdigkeit, mit der sie sich umgeben. Glanz vom Glanze dürfen sie sich sein und wunderbare Heimstatt der Gefühle, die sie sich entgegenbringen. Alles Noble, Edle wissen sie sich zu gewähren im Bestreben, Freude zu verströmen, Glück und Frieden und Bezug zum Einen, das da leicht und liebevoll ihr Sinnen streift im All-so-Wunderbaren.

2.21

Unbeschwert und heiter führ Ich Mir Mein Seinsgewissen vor. Es liegt die Kraft der Selbstverwirklichung in ihm, die Ebenmässigkeit durchdachter Visionen und die Schönheit eines Lächelns, das der Reinheit und der Herzensgüte, der Weisheit der Gedanken und der Liebenswürdigkeit entspringt, die Meine Dinge in sich tragen.

Aufgeräumt und in Mich eingezogen, Bin Ich Mir das Sosein in Person und ergötze Mich am Sein in vollen, runden Zügen. Meiner Eigenart dahingegeben, suche Ich sogleich der Wonne Spur aus allen Spuren und bereite Mir ein Fest der Wohlbekömmlichkeit und des Genügens aus der Ansicht

Meiner Seinsbezüge. Rechtschaffen, genial und liebevoll darf Ich Mich nennen in der Helle des Ich-BinReviers.

2.22

Ich trag dich in die Listen Meiner Mitgestalter ein als still und stark, behutsam, effektiv und überlegen. Wie kommts, dass du dem Ideal entsprichst, das Ich vor gütevollen Augen von dir habe? Das leistet Meine lichte Gegenwart in dir.

Das Überragende erkennt sich selbst als gottgegeben und gefördert an, weil es der Dinge Gründlichkeit durchschaut und höchster Weisheit Grund betrachtet als den Ausfluss Meines unermesslichen Agierens.

Bin Ich, Bist du Meines Wesens Gang und Güte, Edelmütigkeit und Poesie, Gesang und sibyllinisches Geflüster. Nichts kannst du erwarten, wenn du Meinem Dasein nicht in dir den Hof machst und der Stimmen Stärke inne wirst, die Ich in deinen Fibern generiere.

Geistkeim, Geistgeburt in mustergültigem Erscheinen will Ich nennen, was du Bist und bist aus Mir geworden als gesegneter und wohldotierter Seinsgespan.

Wirkst du in Meinem Sinn, so lösest du die Fesseln, die Getarnte um dich legten, klammheimlich, währenddem du schläfrig durch die Tage trottetest und so das Abbild Meiner Grösse übersahst. So sag dir immer: Nur im Wandel Bin Ich dem verwandt, der Ist und dem allein All-Ehre zusteht im Bewusstsein der Verklärten. Bist du so, so hat die Stunde dir geschlagen des glückseligen Auferstehns in Meine Höhen des Elysiums, wo sich die

Lichtgestalten lieb die Hände rei-chen und geständig sind der Wonne, die sie immerzu beseelt.

Unter ihnen Bist du reinen Seligseins Empfinden, vollendeten Gelöstseins Part und innigen Dankens weihevolle Gabe. In zarter Liebenswürdigkeit erblüht dein Wesen und beschäftigt sich mit hellen Lobgesängen und vertiefter Andacht vor der Glorie, die ihm geschieht.

Dem Weiselosen voll dahingegeben, weilst du als bescheidner Teil der überragenden All-Ich-Natur im Ewig-Blauen und verbirgst dich im Verschmelzen ganz in ih; die helle Wonne ist und liebevolles Sich-Verstrahlen.

2.23

Sinnstiftend tragen sich die guten Geister ins Gedächtnis ein, wenn du es offenlegst zu ihren wie zu deinen Gunsten. Ihr Werk ist eine Sammlung von Begriffen, die dem Überirdischen gehören und das Vertrauen zu ihm fördern und erheben.

Sprachgewandt sind sie, wenn's darum geht, ein seinskomplexes Idiom geschliffen auszudrücken. Ihre Stärke ist es, klar zu sein, wo andere im eignen Dunst verschwimmen und alles missverständlich vor die Sinne legen.

Meine Treue zur Exaktheit bringt ein Feuerwerk von Vorstellungen hervor, die siebenmal gekonnt sind, offenbar. Wie machst du's, wird dich jemand fragen? Du wirst dich um die Antwort drücken, weil du nur zu sagen wüsstest: Ich hab's nicht getan. Ein Irgendwer trägt mir die schwingenden Sentenzen wie auf dem Tablett hinzu und lässt sie völlig selbst-los darauf liegen.

Doch der Ungenierte kann nur Ich sein, der Ich Bin in allen Händeln und Berichtigungen der Gesegnete des Ausgleichs und des Wissens um die Götterspur, die allem inne-wohnt im Zeitvertreiben. Lächelnd und galant erklär Ich auf dein Bitten hin die kompliziertesten Gegebenheiten und gewähre Einblick in die Tiefen Meines Seins von unerhörten Dimensionen. Allweisheit ist Mir inne ebenso wie seinsgestaltendes Gebaren, das in jeder Zelle Schönheit zeugt und Harmonie der formenden Gerechtigkeit, die ihresgleichen sucht im Welt-getriebe. So beglückend ist's, in allem Mich am Werk zu sehn, weil damit Sicherheit, Vertrauen und Erlöstheit ins Bewusstsein fahren.

Mein Tun ist tauglich für das Höchste, das gefordert werden kann im Sjnnkrejs der Geschichte. Es besticht durch Eleganz und Güte des Verhaltens, weil es immer Mich mit einschliesst in sein Wesen. Traue du dir im Erkennen zu, Mein bildendes Getuschel überall am Werk zu sehn der Myriaden Variationen, die da sind und wunderbar lebendig bleiben. Tröste dich mit der Gewissheit, dass Ich in dir Bin das seinsbeglückende Arom der Tugend in Person, der Redlichkeit und des Gesundens an dir selbst, indem du Mir Magisterwürde zuerkennst in allerhöchsten Graden.

Sei nun still und leichten Sinns zu Mir erhoben im dezenten Weilen, das da kommt und geht und alles recht versteht in wonnevollem Selbstgenügen.

2.24

Die Schau: Ein Weltsystem der geistigen Vernunft, die allem Sinnenfälligen vorangeht als das formende und nährende, vollkommen seinsbewusste Urprinzip des Einen, grenzenlos.

Ich schaue Mich in Ihm und schaue Es in Mir als Eines von so wunderbarer Übereinkunft der Gegebenheiten, dass Mich eine namenlose Freude überweht aus Seinserkennen, Selbsterkennen und Gewissheit, in die Grazie des Augenblicks geboren.

Zu einem Fest aus Offenbarung und Entschiedenheit wird Mir das Sein, als Weltbild unermessner Schönheit und gediegnem Aneinanderfügen von Besonderheiten, die dem Ideal entsprechen, das Ich vor Mir seh.

In Verklärtheit, Heiterkeit und Selbstgenügen sonnt sich Mein Bewusstsein zweifellos, in alles ausgedehnt, was Ist, in unerhörtem Über-Mich-Verfügen. Wahrer Wirklichkeit Gefieder schmückt, was Ich Mir Bin, und schenkt Mir eines Freiseins Attitüde von unendlicher Beseligung und Würde des Erscheinens.

Als hätte Ich, ein Küklein, Mir die Schale aufgepickt, in der Ich wurde, fühl Ich Mich im Lichte des Beschauens Meiner Seinsnatur und Meiner wahren Gründe, die All-Wesen sind im all so köstlichen Empfinden.

Die Wohlfahrt Meiner Züge trägt Mich ins Unendliche voran und legt die Weisheit offen, die sich durch Äonen des Gestaltens und Entfaltens weiterzieht. Es liegt so viel Vollendetes in diesem Walten und ein Hauch von ewiger Glückseligkeit, an der Ich feierlichen Anteil nehme. Sylphenleichtigkeit und gnadenvoller Frieden sind Mein Teil in dieser Stunde des Gewahrens reiner Güte und Geselligkeit mit allen Wesen, die da sind das eine, unbeschreibliche Genesen.

2.25

Weltenkarma hab Ich mitzutragen auf der Geister-
fahrt zu einem wundervollen Ziel. Da steht der
Einzelne dem Alles gegenüber und bedarf der
Klärung dessen, was er Ist in seines Seins Gelehrten-
tum und Gnade.

Ich Bin das, was Ich Mir denken kann, zu sein, kann
man wohl sagen. Diese Antwort öffnet die Begren-
zungen, die im Bewusstsein jedes Bürgers dieser
Welt bestehn. Es muss ja sein, dass Ich Mich an Mein
körperliches Dasein binde, sonst könnt' Ich nicht
erfahren, was Mich weiterbringt auf Meiner evo-
lutionenträchtigen Fahrt durch die Äonen.

Ich stecke mitten drin im Lauf der Zeiten und
besinne Mich auf was Ich Bin in ihnen: Mein
Besinnen führt zur Einheit der Gedanken und
Gegebenheiten, führt zur Einsicht, dass Ich Bin ein
kleines Klimperchen in meinem weltlichen Juhee
und zugleich All-Bewusstsein in den nobelsten und
höchsten Sphären. Auf dieser Skala zwischen
kleinem Vollsaftleben und unendlicher Gelöstheit
gleite Ich dahin, Bin bald dem einen nahe, bald dem
anderen und sehe immer besser ein, dass Ich Mir
beides muss erringen.

Dann mag Ich, äusserlich gesehn, in noch so
schroffen Zwängen eingeschlossen sein, im Innern
Bin Ich völlig frei, voll Heiterkeit und Würde,
Phantasie und schöpferischem Tatendrang, in
ausgesprochner Güte allem gegenüber, was Mir so
begegnet in der Vielfalt Meiner selbst, wie Ich's
erkannte im bedeutungsvollen Wandel Meiner
Wünschbarkeiten.

Was zählt, ist Meines Freigefühls Errungenschaft im
Blauen einer Zeit von absoluter Unbeschwertheit

und Beglückung an dem Zustand, den Ich Mir heraufbeschwört und den die Gnade allen Seins befördert ihrem Wesenszug gemäss.

Licht und Kraft sind fortan Meines Seins allräumliche Begleiter; Glück und Heiterkeit des Seins verwirklichtes Idol sowie die Geste des Mich-selbst-Verschenkens, in der Gotteswesenhaftigkeit Genügen.

2.26

Die Morgenröte eines neuen Weltentags ist über dir erschienen. Dem Einstieg in die Nacht der Sinne folgt die Helle der Erleuchtung im Bewusstsein der Gottseligkeit, die dir nun eigen. Ohne Zögern nimmst du an, was dir die Weiten der Unendlichkeit vergeben. Frei schöpfend, trägst du dich hinan ins All der Wirksamkeit der Geistergenerationen, die allüberall ihr Werk verrichten und ihr Sein von lichten Sonnenhöhn in die begnadete Allräumlichkeit verstrahlen.

So wend Ich Mich Mir zu nach allen Regeln der Gefälligkeit am Gutsein Meiner Sphären. So unterweis Ich Mich im Fach des tätigen Durchschauens aller Dinge bis zum Grundgehalt, den sie in sich verbergen.

Ich niste Mich in jede Zelle, die da Meiner Schöpferkraft entspriesst und garantiere für Natürlichkeit und Mustergültigkeit der Szenen, die Ich generiere vor den Toren Meines Selbstgefühls.

Mein Lichtsein mündet in die Glorie der Glückseligkeit im Raum der fühlenden Vernunft, den Ich bewohne. Hier gibt es keine Dinge mehr, nur Bildgestaltungen von ihnen und Wesen der begleitenden Barmherzigkeit, die sich voll Güte um Mich scharen. Alles Freundliche und Milde trägt sich Meinem Sinnen an und auserlesne Liebenswürdigkeit begegnet Mir in Meinem Wirken und Bestehn. Leichtigkeit des Handelns ist Mir inne ebenso wie Zärtlichkeit des tJberlegens auf der Spur der Minne, die Mir eigen. Lächelnd schreite Ich in Meiner Zeit voran, um neue Dienste anzubieten und Mein Wort in alle Winde der holdseligen Bewusstheit zu verstrahlen.

2.27

Ich fülle Meine eigne Leere mit des Daseins weihevollem Zauberspiel. Gekonntheit, Allbewusstheit, Wesenskraft und Reichtum reiner Fülle lass Ich ins Erkennen Meiner Ich-heit fahren. Schöpfertum in Reinkultur ist Meines SeinsGesumme ebenso wie das Erstrahlen Meiner Lichtheit allweit, zügellos und wunderwirkend, als das Feuer der Begeisterung in Meinem Mich-Erleben.

Meines Wirkens Wagemut entzündet sich am Selbstgefühl, das Ich in Meinem Innesein entfaltet habe. Garant der absoluten Freiheit Bin Ich Mir in der verwegnen Stosskraft, die Mir eigen, wo Ich eines neuen Unternehmens Würde in die Dauer von Äonenzeiten zieh.

Wahlverwandt Bin Ich dem strahlenden Gerechtsein und der Güte, die das Herzliche begründen, das Ich in die Wesenswelten leg. Wärme ist Mein Urgefühls Versenden, Gutheit Meines Seins Erscheinen, wesenhaft, wahrhaftig und gediegen.

Was Ich denke, schenke Ich der All-Lebendigkeit, in der Ich Bin und wese. Grazie und Milde lass Ich walten, wo die Stürme des Gestaltens sich verzogen haben und die Ruh der Zärtlichkeit das Auferstehen feiert in die Weiten Meiner Bahnen. Sorgsam reagier Ich auf die quellende Idee, die sich verbreiten will in Meinen Zügen, dass sie wachse und der Wirkung nicht entbehre im Äonenlauf, der ihr gerechterweis beschieden. Wo Ich baue, baut sich eine Welle des Empfindens auf, die machtvoll das Geselligsein befördert in den fortgeschrittnen Ich-Naturen.

Nachhall Meiner selbst, berühr Ich alles, was Ich Bin, zu Tausenden von Malen mit dem Weckruf Meines Soseins, um der Wachheit Ehre einzulegen. Hauch der Sammlung Bin Ich zum glückseligen Verweilen in Mir selbst wie in der Seinsgemeinschaft, die Ich Mir bewusst erhalte: Ewig heiter, selbst-treu und bedingungslos der Einheit aller Meiner Güter selig-lieb dahingegeben.

2.28

Bar jeder Willkür wiederhole Ich zum x-ten Male: Eins im Denken, eins im Handeln mit Mir sollst du deiner Tage Soll erfüllen, dass die Farbe deiner Taten Tugend heisst, Gerechtigkeit und Milde und dein Sein ein einzig Aufblühn ist in Meinem Liebesgarten. Unveräusserlich ist, was Ich deinem Innesein befehle, wo Meine Stärke Flügel kriegt und Meiner Seinsgewandtheit Züge die Bedingungen des Lebens so erfüllen, dass Freude und Gelingen herrscht in ihres Schattens Wohllaut und Bravour.

Weiter treib Ich Meine Schafe, als sie's je gesehn, auf neuer Weiden kühles, fettes Gras, woran sich ihre Lenden trefflich runden und die Wohlbekömmlichkeit der Tage sie zu Freudensprüngen animiert im Rausch der Seligkeit, die sie befallen.

Junges Sperberblut und alte Weisheit giesse Ich zusammen zur bezaubernden Mixtur, die dazu antreibt, wahre Lebenskünste zu vollbringen.

Die Freiheit Meines Willens führt dich zum Erfülltsein mit des Sinns Dressur, die ohne jeden Taumels Widerwärtigkeit und freudevollen Schritts dein Reich durchmessen soll, gemäss der Gabe der Verheissung und vom Gesellentum mit Mir der höchsten Achtung preisgegeben.

Wunderbare Karten hab Ich dir gemischt fürs Anderssein auf deinen Wegen und fürs Erreichen einer Kunst, die Wertbeständigkeit und Fülle atmet in begeisternder Manier. Du staunst und staunst dich selber an ob all dem Jubel, den du aus den Seelen lösest, die dein Werk mit kritischer Gebärde inspizieren und in jedem Raum die Weihe spüren, die es an die Welt verstrahlt.

Überraschendes bringt I-Ierzbewegen auf die Szene und erreicht ein Mass an glänzendem Bewundern, das unübertroffen ist in allen Breitengraden.

Nun fälle Ich in dir die Augen zur ersehnten Ruh und zur Gebärde der Glückseligkeit im Weilen. Es längen sich die Schatten zu des Abendglühns Verheissen einer wundervollen Spanne der Erholsamkeit im seinsgerechten Schlaf und in der Träume Vorlauf einer wonnevollen Wiederkehr.

2.29

Lächeln im Olymp ist Mir gegeben allsobald, wie das Bewusstsein jener Fesseln sich entledigt hat, die es zum Erdkreisrummel binden.

Ihm geschieht's, dass sich das Wenn und Aber der Geschichtlichkeit zum Sein in grenzenloser Einfachheit des Sich-Erlebens wandelt. Nichts weiter, als die Weihe der Glückseligkeit ist Meiner Seele Inhalt und Mein Seiens wonnevoller Flor. Vollends der Einheit aller Wesenhaftigkeit verwoben, überwaltet Mein Bewusstsein die Allherrlichkeit, in der Ich Mich erfühle. Völlig unbeschwert und unverzogen, weil' Ich in den Räumen unbeschreiblich seelenvoller Heiterkeit und Lichtheit, Leichtigkeit und Reinheit des Gedankenwebens. Mit Mir selber zieh Ich so dahin im Morgendämmer eines neuen Zeitgefühls. Ich spotte jeglicher Betrachtung Meiner Qualitäten, weil es sie nicht gibt im Sosein wie Ich Bin, ausgegossen vor Mir ins Gefäss der Ewigkeiten. Ruh und Ruh und Ruh in langgedehnter Fassungslosigkeit ist Meines Seins unendlich sanfte Zierde wie Mein Herzbluts liebepochendes Idol.

2.30

Pannen kennst du keine mehr, sobald das Ich in dir geboren. Seine Wirklichkeit entpuppt sich als das unumstösslich Richtige in deines Lebens Sein und Strahlen.

Entfalte dich nach Meinem Schrittwerk, flüstert Es dir zu. Dann gelingt dir jede Geste, jedes Ausgehn aus dir selbst in hochdotierter Regelmässigkeit und freiem Über-dich-Verfügen.

Die Ich-Welt ist ein geistig Eigentum von Kraft und Harmonie, von Übersicht und Weisheit des Gestaltens. In ihrer Mitte brennt des Urlichts seidenweiche Majestät und weckt Vertrauen und Begeisterung im hingegebnen Wesen.

Was du Bist, bedeutet dir vollendete Geschicklichkeit im Balancieren, Wahrhaftigkeit im Umgang mit dem Drückebergerischen und geballte Stärke, wo es gilt, dich durch den Dschungel widerwärtiger Gedanken durchzuschlagen.

Meisterzeit ist vorgegeben, wo das Ich der Raumestiefen seine Kreise zieht und dein All-Bewusstsein impft mit Seinserkenntnis höchster Güte und bewundernswertem Klingen. Reich Mir deine Hand hinüber in den Reichtum Meiner Unbeschwertheit im Agieren, bittet es, und offenbart sich damit als Verbindungsglied zur Gottnatur, die alles weiss ins rechte Licht zu setzen, wie ins farbenfrohe Glänzen. Unverwandt bewahrt es Meine Attitüde der Erholsamkeit im Grünen, derweil Ich jeden noch so intensiven Anspruch mit dem Lächeln der Geduld quittiere.

Als ein Bergmensch schau Ich von der Zinne Meines Aufenthalts zutal und trage täglich ein erfolgreich Unternehmen mehr in Mein Register. Weiden darf Ich Mich an Meiner eignen Güte und so befehl Ich Mir auch Meiner Tatenlosigkeit Befinden an.

Heiterkeit im Überall betracht Ich, völlig unbesorgt geworden und dem Ewigen verpflichtet, das aus Meiner Seele strahlt in gläubig wunderwirkendem Verfahren.

2.31

Es sieht sich Mein Bewusst-Sein als im reinen Überweltlichen in wunderbarer Harmonie mit dem All-Einen, das da unbedingte Stärke ist und lichterlohes Sich-Verteilen ins aliräumliche und wesenhafte Seinsgefüge.

Hier ist des Denkens höchste Qualität Mein Eigen in wunderbar geklärtem Über-Mich-Verfügen. Setze dich an Meine Stelle, vergiss, wo du dort warst, und allsogleich wirst du dich mit dem König der Allherrlichkeit aufs innigste vermählen. Was Ich gebiete, wird dann wahr. Wenn Lieder, innig faszinierende, erklingen, sind es Meine, wohl bei mildem Kerzenlicht im Schlosshof unter traulichen Arkaden.

Was ist die Herzenswärme, wenn sie nicht ein Abglanz ist von Meiner allpräsenten Liebesglut und sich damit als Zierde dieser Welt erweist und Meisterin im zärtlichen Zusammenfügen. Wie leicht und redlich schliessen sich die Herzensbande, wo es Meine sind im liebevollen Spiel.

Der Sinn der Freundlichkeit bricht auf, das Auge leuchtet seinem Widerpart entzückt entgegen und der Wohllaut einer gütigen Stimme nistet sich wie fein gesponnene Musik ins seinsentrückte Ohr, wo Meine Kräfte reiner Edelmütigkeit die Wesenswelt durchziehn und Glück und Freude schaffend ihren Liebesglanz entfalten.

Der Wille, dich vollends der Weltenherzlichkeit, der liebevollen Sorglichkeit und Güte zu verschenken, kommt von Mir und Meinen Seinsgetreuen in der Generationenfolge guter Geister, die in dir, gedankenrein und laute; ihre Grazie verbreiten und schlussends zum Lebensstil erheben.

Lass dich nur leis und liebeleicht zu ihnen gehn und sie verehren dir die wunderbare Zartheit ihres Fühlens ebenso, wie die brillantne Klarheit der Gedanken, die die Räume ihrer Wesenswelt durch-wehn.

Seins-Bewusstsein hat ureigene Gesetze der Geburt und des Gegebenseins in lichtdurchschossnen Sphären. Öffnest du ihm Herz und Sinn, so wird es dich mit Vehemenz durchströmen als das allerfüllende Agens der schaffenden Natur wie des glückseligen In-weiseloser-Schlichtheit-in-dir-selbstVerweilens. Trau dir diesen Zustand zu und einmal wirst du, wie die Biene ihren Nektar, seinen Zauber in dir finden und dem Seligsein ein Kränzchen winden, das dich dann gar liebevoll beseelt.

Wunderbare Seinsgelöstheit ist dein Teil im Morgendämmer der Bewusstseinsklare in den Sphären. Des absoluten Schweigens Wohllaut tränkt dich mitten im Gewahren einer Stille überirdischer Behutsamkeit und Leichtigkeit im DichVerschweben. Götterlüfte darfst du atmen, Himmelstore offen sehn und dich in ewiger Bläue als ein namenlos Glückseliger verlieren.

Gesetze reinen Wohlklangs

3.1

Im Sternengarten Bin Ich der Beschauer dessen, was Ich Mir erschuf. Meines Seins gewahr, trachte Ich darnach, in den Aberräumen die Gesetze reinen Wohlklangs zu erhalten, die da Geistbeseelung sind in voller Blüte als die Welt der Seinsimpulse und der wahren Wirklichkeiten.

Siehst du das ein, so wirst du auch das Nichtige verspüren, das du aus dir selber darstellst in den Niederungen deiner Hoffart und Verblendung. Alles, alles ist von Mir und soll dich überzeugen von der wohlverborgnen Meisterschaft, die deiner sich bedient, um neue sich hinzuzuweben. Ich bring es auf den Punkt: Lass alles an dir seinsbewusst ersterben und schon hast du die Krone dir errungen der Gefälligkeit in Meinem Plan, der einer Allheit Züge trägt und aus erstrahlendem Bewusstsein Schöpferfunken schlägt in Reinkultur und reinem Über-Mich-Verfügen.

Änderst du den Sinn, so weitet sich der Sinnkreis deiner selbst bis zu den höchsten Sphären und übernimmt sich nicht, wenn er in Götterglanz sich kleidet und Allräume in sich kreisen sieht.

Was ist die Tugend, wenn sie nicht das Menschensein zu einem Nichts zerschmilzt und damit nur noch Ist All-Wesenheit und Sein in wunderbarer Einheit mit den höchsten Sphären. Heilig sind sie, hocherhaben, überreich an Gnaden dem, der in sie eingeht in vollendeter Geschicklichkeit und liebevollem Danken.

Maya und Verblendung sind entschwunden. Sein vom Sein ist offenbar in diesen Gründen und gereicht sich selbst zum Heil und zur Beseligung, soweit der Fühlkreis reicht, dem es sich zärtlich und gewissenhaft dahingegeben. Mitten in der seienden Mixtur bekennt es seine Würde durch das Seelenjauchzen, das ihm innewohnt und dessen Hüter es in Minne und Bescheidenheit, Verehrung und Entzücken seindarf vor der eignen Grösse und der Lichtheit seines Wesens.

So hat Mein Sosein alles nur Mir selber zu verdanken. Paradox und wahr zugleich im Unbestechlichen der Logik, die im Seinserkennen sich ergibt. Wandel ist und Weiselosigkeit zugleich Mein Wesen, Meine Absicht, Mein Gelingen und Geschehn. Hoch im Bogen will Ich Mich als das Allherrliche erweisen, niedrig in der menschlichen Klausur, als das Geringe, das im eignen Staube seine Tage fristet und von sich nichts weiss, als dass es der Vergänglichkeit verfallen. Nur Mein Ich ist von Bestand im Weltenal,enteuer, das der Lenkung und Befruchtung, der Zähmung und Belohnung, der Erhaltung und Beförderung bedarf wie eh und je im grossen Brausen wie im Stillsein vor sich selbst und vor der Eigenart des grossen Schweigens, das da Anfang ist und Ende jeder Episode in der Wucht der Seinsäonen, wie der Zartheit, die dem Schöpfertum die Weihe gibt, die ihm gebührt in allen Regionen.

Aufwall und Besiegeln, Morgenglanz und heiteres Entschwinden prägen Mein Gebinde und erlösen sich ins Sein, dem nichts gemein ist als Glückseligkeit im Weilen.

3.2

Weichet Ahriman und Luzifer von Meiner Schwelle, die Ich Bin, für euer trüg'risches Verhalten. Ungewappnet seid ihr Meinem Sternenstrahl. Meine

Liebestat erlöst, was ihr euch seid, im gnadenlosen Spiel.

Allein in Christus spür Ich Meine Stärke, Seines Willens überragende Gewalt bricht jede Fessel, jegliches Versuchen und gewährt Erlösung denen, die um seine Hilfe flehn. Seiner Lichtheit Zeugnis ist der Allbewusstheit Dienen und befriedet Meere von Erregtheit ohne Zahl. Seinsbeständigkeit ist Seines Wappens Zier, so viel wie liebestrahlendes Begleiten Seiner auserwählten Scharen.

Nun darf Ich Wesensruh erfahren in der Glorie des Einen, das Ich Bin im Unverwechselbaren und Mich eingebettet fühlen in den Hofraum Seines Wohls.

3.3

Sanft lös't du dich vom Menschenlos, derweil Ich Bin in dir. Du Bist ein Rätsel Gottes, Bist Sein Bewusstsein und Gewissen, offenbar.

Unwürdig Bin Ich, Mich zu nähern, wenn Ich nur den Duft von Deinen Geisteshallen spüre, All-würdiger.

Was stehst du vor der Tür und wagst dich nicht hinein? Es ist die Zeit des Abendfriedens, wo die Weltenseelensonne leis ihr Haupt erhebt und ihre Strahlen lässt ins sinnende Gemüte fahren. Es ist ein Wandel in der Welt vom Heftigen zum Leisen, vom Abenteuerlustigen zum Still-in-sichGekehrten, vom Brünstigen zum Weihevoll-Bewegten in der Weise des Bewunderns wunderbarer Qualitäten.

Nun wird dir Weisheit und Gelassenheit zum Inbegriff des Guten, das du dir gewährst. Du weisst, dass Engel dich behüten und erspürst dir ihres Daseins wunderwirkendes Erblühn.

Beglückt bist du von ihrem Schweigen und leistest dir den Aufwand, sie in deiner Innenwelt zu sehn. Beseligung mit dir zu teilen, ist ihr Los und über die Beseligten zu wachen, ihrer Liebe lichterfülltes Strahlen.

3.4

Nur wenn du vollends schweigst, kann Ich in dir vom Leben und vom Sein, vom Mannigfachen und vom Simplen darin, stillend und begütigend, erzählen. Es klärtsich auf der Himmel des Gemüts von dem, was Ich dir leisund liebvoll ins Gewissen ströme. Der Tonangebende Bin Ich und Ich allein, derweil die Dinge deiner Kleinwelt wie im Nebel hinter dir verfliessen.

Nun gibt's kein Wanken mehr ob dem, was so bestimmt Gestalt gewinnt des Ausserordentlichen, das über dem verständigen Denken dich umgibt als Geist vom Geiste, alternierendes Gemurmel und erhabenes Gesetz für den, der sich's erlauschen mag. Vor ihm wird trivial, was du dir je zusammen-reimtest an Erklärungen und Förmlichkeiten, die sich auf die Lebenskraft wie das versammelte Gewirk der Welt beziehn, wenn es verglichen wird mit dem, was Ich dir kunstvoll und geschliffen, ausgewachsen und erhöht im Innersten besage.

Willst du die Vertrautheit mit Mir spüren, so sei und frage nicht nach Lösung von den Rätseln, die dich tausendfach umstehn. Ganz von selber führt Es dich in seine Tiefen und lässt eine Landschaft von glückseliger Friedefertigkeit vor dir erstehn. Wann du nur willst, darfst du dich frei und fromm in ihrem Zauber wiegen, darfst ihrer Schönheit und Verspieltheit inne werden in der weiterführenden Betrachtung ihrer Züge.

Hab Ich dir geholfen, hilfst du dir in Meiner Art in eigner Kompetenz und eigner Willgewandtheit weiter auf der Götterspur, die Ich dir angebahnt in stiller Übereinkunft und begeisterndem Besagen.

Schlussends ist alles liebevoll und gut, was du erfährst und was dir in elysischer Ergriffenheit und Feinheit zukommt in den Sphären Meiner Huld, Geduld und Meinem Dich-fürs-Überirdische-Erschliessen.

Komm und sieh, dann wird dir nichts mehr fehlen und deiner Augen Wirklichkeit wird aus bewundernswertem Himmelsglanz bestehn.

Sei du Mir Zeuge einer Welt von graziöser Folgerichtigkeit und glänzend dargestelltem Fluten. Alles ist so richtungweisend, wie es ist, und führt ins Eine der elysischen Gestimmtheit, die Ich meisterlich verwalte und erhalte, deiner seligen Vollendung zu.

3.5

Grosse Kraft und grosser Friede strömen durch's verwinkelte Gelände Meiner Angelegenheiten. Ich leiste Mir's, an Mir vorbei zu denken als Person und Meine Stärken auszuspielen, die da sind Gesandte höherer Regionen. Das Ich Bin ist in Mein Herz geschrieben und erweist sich als das Rettende und Richtungweisende in dieses Lebens vielverschaukelter Partie.

Keime schierer Nützlichkeit sind alleweil vorhanden, die erzogen und zurechtgebogen werden müssen zu erhöhter Einsicht in des Wirkliche, das

nicht mit Augen ist zu sehn, Der Preis unendlicher
Geduld ist da zu zahlen, wo es darum geht, noch viel
mehr von dir selber zu erfahren, als in allen klug
gefassten Büchern steht, die du verschlungen. Eine
neue Art von Weisheit geht dir auf im selbst-
verständlichen Gewahren deiner Situation im
Weltgetriebe. Du regst dich nicht mehr auf ob seinen
dümmlichen Behauptungen und Widersprüchlich-
keiten, weil du weisst in unschlagbar besond'rer
Weise, wie es steht und weitergeht in deines Daseins
Drolligkeiten.

Präsenz des Überirdischen nenn Ich, was makellos
geschliffen ins Bewusstsein fährt und dir Kumpan
wird auf der Reise durch den Glanz der Ewigkeiten.
Der Allbegriff taucht auf und das Bewusstsein der
gewaltigen Struktur des Sterngeflitters, die den
nächtigen Himmel ziert und die weiss was fürs Herz
von Wärme, Lieblichkeit und Trautheit zu besagen.

So hafte Ich Mir selber gegenüber für die wunder-
baren Seinsgeschichten, die Ich Mir, erfahrend und
erduldend, alleweil erzähle. Sie sind neu und alt
zugleich in ihrem Sinn und Treiben, ihrem
Grundgehalt und ihrer Offenbarung unbefleckter
Phantasie, die sich im Freisein von der Welten-not
entfaltet und gehörig rüttelt an den festgefahrnen
Normen und Befindlichkeiten.

Was spontan geglückt ist, macht auch glücklich und
vermehrt die Zellen der Begeisterung, die in dir
leben. Fördernd sind auch Ängste und stets wohl-
bekömmlich, was geschieht in deinen Sphären,
derweil du gehst und in dir selber ruhst als
Unbescholtener und Reiner vor des Gottes Antlitz
und Gewahren.

Du Bist und Bist in Ihm der Urgesetzlichkeit Erfüllen und der Liebesweisheit Strom. Die Fäden der Verbindlichkeit am Leben laufen mitten durch dein Sein und werden angeregt durch deine Haltung und Gewissenhaftigkeit im täglichen Geschehn.

So geht's und steht's in lautrer Poesie und heiterm Unternehmen. Es lächeln dir die Frühlingswinde zu, wie die der herbstlichen Beförderungen eines Untergangs, in dem schon neue Werte sich erheben und der uraltalte Kreislauf sich in andre, nie gekannte Dimensionen hebt von lichtern, sinnenfrohem Strahlen.

3.6

Im Schosse der Äonen fühl Ich Mich vollendet und geborgen, weiser Wissenschaft dahingegeben, sehnig und gestählt vom Unbeschreiblichen, das Ich Mir Bin in Meiner einzelgängerischen Seinsgeschichte, wie im Allgemeinen, das den Ätherräumen Form gibt und Unendlichkeit und das die Myriaden Sterne webt und hegt in ihnen. Schauplatz Meiner eignen Grösse Bin Ich Mir in so verschlungner Weise, dass ein jedes Einzelne schon Generationenläufte braucht, um seines Wesens Glorie zu entziffern und dann weiter zu entfalten nach dem Mass der Einsicht, die ihm eigen.

Durch meisterliche Ordnungen hinauf, hinunter und hinauf erreiche Ich Mein Zielen immerzu in seinsbeständigern Mich-in-Mir-selbst-Bewahren. Mein Gedulden an Mir selbst kennt weder Ende noch Beginnen; es ist ein Wehn in tausend Nöten wie in unverbrüchlicher Glückseligkeit, die Ich Mir in des Herzens Heiligtum bewahre, wo die absolute Ruhe herrscht im seinsbewegten Spiel und sich das Viele, das Ich Bin, in heller Einheit findet, als gesammelt und gestärkt, gesichert und gewappnet, massvoll, traut und heiter, liebenswürdig und gediegen.

Mich selbst zu segnen für den Ausgang in die Zeit, ist Meines Vorrechts Würde, wie die mütterliche Sorgfalt, die Ich in Mein Wirken lege. Denn ein jeder Anbeginn muss auch sein strahlend, wunderbares Ende finden in der Fülle der äonenlangen Seinsgeschichte, der Ich Mich voll Verve und Grazie unterzieh.

Meine Regel ist ein breiter Strom von Ebenmässigkeit und Güte des Gestaltens, von erfinderischer Phantasie und von der Lust, Mir ständig im Erproben Meiner Seinserrungenschaften neue Werte zuzulegen.

Mir selbst geständig, ruf Ich den All-Chören die Gesetze Meines Handelns zu und lass zugleich mit ihnen den Gehorsam sich verschweben. Was sich nicht ins Wesentliche fügt, fällt ab und muss dem Reingewordenen gefällig sein in seinen Wundern und Erspriesslichkeiten.

Mein Kalkül geht dahin, alles, was schon ist, fürs Ganze zu verwenden, das sich darstellt als die Aberglorie im Umgang mit Mir selbst und Meiner Absicht, unbestechlich, frei und friedevoll zu sein in Meinen vielerprobten Zügen.

Was gewandt ist, wandelt sich zum Guten. Das Geweihte trägt das Siegel reiner Wunderkräfte im Erschliessen neuer Blüten in begehrenswertem Stil. Mein Schaffen ist der Schönheit stets verbunden, die im Werden göttlichen Geblüts verborgen liegt. Mein Geheimnis ist die Redlichkeit, die sich wie nicht von hier in alle Richtungen vertut und immerzu ein

Wirkliches von Anmut und Bescheidenheit, von Wohlgefühl und Lieblichkeit verbreitet.

Das ist das Credo des Gestaltens und Erhaltens Meiner selbst im Unvergleichlichen, des Wirkens und Beruhns in namenlosem Einssein mit der eignen Schöne.

Damit nehm Ich Mich zurück und leiste einen Eid auf Sein und Weilen in glückseliger Frische und geschmeidiger Holdseligkeit an Meinem Gutsein und Gerinnen, Meinem Klang von Festlichkeit, wie Meinem puren Mich-in-der-All-Wirklichkeit aufs-trefflichste-Begreifen.

3.7

Unseres Daseins Wände sind nicht gross, doch gross ist das Bewusstsein, das wir von uns selbst in ihm zur Blüte bringen, wenn wir, dafür kämpfend, es mit Weisheit und Gewissenhaftigkeit versehn.

Das Werdende spricht sich aus, das Vollendete schweigt in wundervoller Selbstverständlichkeit des Daseins als im Glück der Stunde und in der Glückseligkeit des Zeiten-losen.

Schweige du mit Mir in eben dieser Sorgfalt des Empfindens, wie dem Hingegebensein an eine Welt des namenlosen Friedens. Atme du des Seins Arom in vollen, runden Zügen, und tränke dein Bewusstsein mit dem Wissen um die Gegenwart der Kräfte, die das All regieren. Lautlos schwebt ihr Tönen aus dem hellen Osten an dein inneres Gehör und befruchtet dein Begreifen in so wunderbar gehobnem Stil, dass du darob im Freudgefühl verschwimmst und die Gebärden deines Sagens sich in Dankbarkeit verglüh'n.

Fortan trittst du als strahlendes Bekenntnis deiner selbst, wie als Verwandelter der Gottesgnaden auf die Lebensbühne und erweisest dich als sicher, wo die Erdenweltlichkeit sich noch als wackelig bestätigt, täglich, stündlich in des Menschenseins Gewühl. Als liebevoll Befruchtender bereitest du dem Werk Gelingen, das da vorliegt in der Vielfalt seiner offensichtlichen Notwendigkeiten. Der Allweisheit liebevoll verbunden, ordnen deine richtungweisenden Gedanken das Geschehn nach urgesetzlicher Gefälligkeit und seidenweicher Wohlbekömmlichkeit zu einem Ganzen von beseelter Harmonie.

In wunderbarer Übereinkunft mit dem Ewigen, bereitest du dem Hier Gelingen und Gewähr, beschauende Bewusstheit und beglückendes Im-Lichte-des-Erkennens-Stehn. In schlichter Stille weilst du, ohne jeden Anspruch, in der seligmachenden Geborgenheit des Seins, die deiner Stärke Fülle und dein Ruhens Wonne ist im Wunderbaren.

3.8

Dein Allhaupt einverwoben, Bin Ich Mir Erkennen Meines höchsten Ziels im Grenzenlosen. Des Geistes Räume sind Mir offen; völlig frei von Kämpfen, ruh Ich in der Gottheit Schoss und erlebe Mich im Ursprung Meiner selbst als Wesen der Glückseligkeit und Harmonie. Elysische Gestilltheit trägt Mich wunderbarerweis in Meines Seins Erleben unentwegt voran und gewährt Mir Wonne und Entzücken über alles Mass.

3.9

Bist du in dir selber still, so kommt der Himmel dir entgegen und gewährt dir Seelensanftmut, seidenweiche Sicherheit und Ruh. Was willst du mehr, als das glückselige Im-Augenblick-Verweilen, das dir das Ewige beschert, dem du dich liebevoll dahingegeben. So fein, so rein, so freundlich und gediegen ist dein Sein vor deinen Blicken ausgebreitet, dass du dich vor Wonne kaum zu lassen weisst und deines Heils Empfinden dich durchströmt wie ein unendlicher Gesang von Güte und Gelassenheit, an dem du deine Herzensfreude findest.

So friedevoll, so frei, so makellos und selig Bist du in der Einzigartigkeit des Webens deiner selbst, dass du, vollends gestillt, in göttlichem Genügen dich ergehst und ein geheimnisvolles Lächeln deine Züge schönt im Selbstgewahren.

Leis, leise streift dich der Vorübergang der Zeit und lässt dich deines Daseins Blüte als ein Wunderwerk von Seinsnatürlichkeit, von Lebenskraft und auserlcsncr Licbcnswürdigkcit crschcincn. Voll Anmut zeigt sich alles dir im Reichtum der Geselligkeit, die du erfährst in deinen Wundern und die du weiter pflegen darfst von Mal zu Mal im weisen Zueinanderfügen.

So steht die Sonne deines Dich-Erlebens im Zenit deiner Welt und hütet, was du Bist, mit ihrer Fülle Lichts und Strahlens, irdisch, überirdisch, makellos und zeitenfroh.

3.10

Vom Glanz will Ich erzählen, der dich in den lichten Höhn beseelt. Wie tröstlich ist es, wenn der Friede

Gottes deinen wachen Sinn begütet. Ganz Götterwohnung bist du, wenn dein Eigensein verschwunden ist vor dem, der alles Ist in seinen Wundern und Gediegenheiten. Höchst Erbauliches wird dir zuteil, wenn du der absoluten Ruhe dich erkühnst und den Gedankengürtel niederlegst in Andacht und Bewundern dessen, was dir darauf geschieht.

Denn es lässt sich wie des Täubchens Unschuld ein Erhabenes auf deiner Schulter nieder und erbarmt sich deiner; wie man sich Verlorener erbarmt in hundert Nöten. Die Beschaulichkeit gewährt Es dir in dem, was du dir wirklich Bist und was du dir in Treue und Genügsamkeit, in Liebe, Traulichkeit und Schöne willst erhalten. Das Makellose spricht dich in den Tiefen deiner Seele an. Das Unbeschwerte, Unbescholtene beginnt sich sacht und seelenvoll in dir zu regen. Was deine Absicht war, hast du vergessen. Es schweigen aller Welten wirbelnde Bezüge und lassen dich das Eine, Unverbrauchte, Unverletzliche und Seinswahrhaftige besehn. Allwie die Meereswoge Bist du in dich selbst versunken und bewegst dich, wie der Spiegel der Unendlichkeit, nicht mehr.

Als wär' ein Wunder dir geschehn, begreifst du dich als der Beglückte deiner selbst im Garten der Geselligkeit mit allen, die sich selber im Unendlichen erfahren haben.

Und was du kennst, bekennst du liebevoller Weise vor der Welt, die deinesgleichen sucht und es nicht findet all so lang, wie sie in ihrer Unrast schmort und sich nicht aufmacht, das Allwesen zu berühren. So heiter, so beschwingt ist deines Seins Gewissenhaftigkeit geworden, dass du wie verklärt inmitten deiner Angelegenheiten stehst und sie mit leichter

Hand zum Guten leitest und zur Klarheit des Gelingens, die beglückt und neue Werte schafft im Seinsgenügen.

3.11

Das Seinssensible feiert sich in eigenwilligen Sentenzen und erklärt sich darin als gefasst und seelenselig in sich selber; wie ein strahlender Rubin. Immer ist Es da, sich selbst zu trösten, wenn ein Ungemach es streift und wenn die Schwingen seines Adlerflugs erlahmen wollen. Denn es schlummern Kräfte in ihm, die von Urgewalt was zu erzählen wissen und die niemals sich erschöpfen in der Kunst des Sich-Erneuerns aus sich selbst, die als ein strahlendes Geheimnis über allem liegt, was Es sich zugesteht an überragendem Gestalten, und Erfolge darin feiern ohnegleichen.

So ist verbürgt, dass Meine Wendigkeit die Wendigkeit des Wiesels weithin übertrifft und dass alle Routen, die Ich wähle, gradewegs zum Ziele führen. Es erweist sich als famos, dass Meine Unerschöpflichkeit im Pläneschmieden immer auch die Lösung weiss, sowie das Werk gedankenträchtig seinen Anfang nimmt und sich erfüllt in Weltzeitdimensionen.

3.12

Was ist der Seinsgedanke, wenn nicht ein überaus sympathisches Bewusstsein deiner selbst, als eines Wesens von unendlicher Beständigkeit, von ruhiger Bestimmtheit, wie von lächelndem Bewahren der Verbindlichkeiten, die ihm eigen. Es begreift sich als

Beweger und Bewegtes, als Erschaffer und Erschaffenes in eigener Regie, so dass die Weltgesetze wie die Übenden in eins zusammenfallen einer Strategie der Weisheit und des unergründlichen Verströmens reiner Liebe, Sorgfalt und Gefälligkeit, Bewusstheit, Zärtlichkeit und Wonne an der eigenen Natur.

Das Unbewusste muss sich durch die Tage pflügen, ohne Rast und Ruh, muss in verstiegenem Bedenken das Entsetzen kosten, das die Fassungslosigkeit zutage fördert, wenn die Lebensdinge knirschend stille stehn. Der der weiss, kann ohne Furcht und Tadel des Vertrauens in sein Höheres sich bedienen, um in jeder Situation im Lot zu bleiben.

Bewusstheit ist ein strahlendes Geschenk der Himmelsgüte an sich selbst im grünen Tal und in den Gärten hoffnungsvollen Blühns und unverwandten Strebens in glückseliger Manier. Alles ist dieselbe Welt. Der Seinsverklärte blickt auf sie und schon ist sie verwandelt in ein Paradies voll Seinsgerechtigkeit und Frieden.

Ewig heiter und erhaben sind die Träger einer Seinskultur von unerschöpflicher Gediegenheit und Frische, von erfinderischer Güte des Gestaltens wie von zärtlicher Beschaulichkeit im Seinsempfinden, das die Seelenstille mit sich bringt und das gelassene Sich-an-die-Zeit-Verströmen.

Ist das erreicht, so reichen alle Dinge sich die Hand zum Bund der Einheit aller Gegensätzlichkeiten und zum immer-währenden Versöhnen, das die rechte Ordnung bringt ins Heer der Erden- wie Himmelsscharen.

3.13

Das Unaussprechliche ist gegenwärtig in den eignen Tiefen, als in einer märchenhaften Welt von Lust und Weh, Geschmeidigkeit und Lahmen, Trieb und Tücke, Rund' um Runde in der Geisterfahrt der Tage, Jahre, Lebensalter und der Wiederkehr durch die Äonen.

Ich ringe mit Mir selbst in jeden Wesens Widersprüchlichkeit, betreue Mich mit strahlendem Beginnen und weiss jedem Welttag neue Werte abzufordern in der grandiosen Wertvermehrung, deren Zeuge Ich Mir Bin im allbewussten Strahlen.

Eigner Ränke Schmied Bin Ich, wo immer Schlauheit und Verschlagenheit sich breit macht im Getriebe. Im Sprung zum sittlichen Gebaren erklär Ich Mich als Ausbund reiner Liebenswürdigkeit.

Doch weit, weit über Mir erkenn Ich Mich als alles überragendes Bewusstsein höchster Qualität und Güte, weiser Kompetenz und unnachahmlich zartem Einfluss auf das Selbstbefinden, das sich in glückseligen Träumen wiegt, wie in der Wachheit seiner eignen Harmonie.

Dem Sternenraum vergibt es sich, als sein Gewissens Werk von immanenter Klarheit, von der Glorie der Vollendung wie von liebeszartem In-der-eignen-Seligkeit-Beruhn.

Erklären ist Erzählen, wie die Dinge geistig liegen. Mehrwert schöpfend aus dem, was du Bist, erreichst du Höhen der Vollendung, die weit in den Himmel der bewundernswerten Schöpferkräfte führen. Was ihnen einfällt, fällt dir gnadenvoll und seeleninnig zu, um deiner Ichheit Mass zu stärken und um deiner Werke Wohllaut mit erhabnen Klängen zu versehn.

Richtungweisend ist, was sie dir leis und sanft besagen, bis ins feinste moduliert, was dich erheben soll und was für Deinesgleichen Vorbild soll bedeuten für den Gang zur Glorie des Auferstehns in Mir.

Hast du das Wesentliche, das dir frommt, in allem Ernst gewissenhaft betrieben, leuchtet dir Mein Antlitz aus dem Ewigen in wunderbarer Frische und Bedeutsamkeit entgegen und entfacht in dir das helle Feuer der Begeisterung am Leben und am Sein in hohen, lichten Sphären. Verwandelt siehst du dich in ein Bewusstsein von Beständigkeit und Frische, behütender Gerechtigkeit und gütevollem Mit-den-Seinsbedürftigen-Gehn. Das Richtige und Richtung-weisende ist dir ins liebevolle Herz geschrieben; die Treue zu dir selbst trägt reiche Früchte und beleuchtet dir den Weg, den du beschreiten sollst in deinen Wundern.

Nun ehrt dich Meine Gegenwart, belehrt und kräftigt dich aus übervoller Genialität des Seins, in der Ich Meine Zeitenlosigkeit erlebe. Ich deute dir, was du in deinen Schauern wie in den Geruhsamkeiten Bist für dich und deine Welt in der allweiten Harmonie des Seins, die Ich verwalte und verbreite überall, wo offne Herzen sind und offensichtliches Verlangen nach der Gutheit Meiner Züge. Du gewinnst für ewig, was dein Teil ist an der Schönheit, Würde und Glückseligkeit des Makellosen, die mir eigen, und erlebst dich darin in holdseliger Manier. Alllichtes Schweigen und beglückendes Beruhn sind dein in Meinen Sphären der Bewusstseinsklare und der seligen Alleinheit mit der göttlichen Natur.

3.14

Du Bist Mein Sein und hältst es in gesegnet hocherhobnen Händen, opferwillig und beglückt, empor, um es voll Freude darzustellen als das höchste, was dir je geschehen kann und was dein Eigen ist seit eh und je und immerzu im Wunderbaren.

3.15

Es gibt nur eine Welt, in der wir sind und leben, und das ist die des Geistes, die der wahren Wirklichkeit entspricht, die Ist und die erkannt wird von den reifgewordnen Seelen. Alles andere ist Maya, Illusion, an die die Menschen sich so kräftig halten, in die die Wissenschaft sich bis zuletzt vergräbt, um Sein und Leben zu erklären und um nur immer neue Rätsel aufzudecken in der Akribie des Forschens nach dem sicheren Pol. Seinserkennen jedoch ist die ruhige Schau auf was da hinter jeden Wesens Sicht und Motivation das reine Unerklärliche bedeutet, das da wirkt und das im strahlenden Ich Bin sein überirdisches Begründen findet und den Halt, an dem nicht mehr zu rütteln ist mit noch so viel gewichtigen Versuchen.

Dort, wo die Herkunft feststeht, kann man die Gesetze allen Lebens so bestimmt, wie hier in Büchern, aufgeschlagen finden, als die absolute Wahrheit, die von jedem anerkannt wird, der die Blüte wahren Seins errungen hat und der dem Einen, Unverwechselbaren huldigt, das da Ist und das ihm selber zugehört in seinem Sich-Verwundern.

Spätlese ist's von wunderbarem Duft und Strahlen, die das Wesen überkommt, wenn es durch des Seiens

Pforte schreitet und sich selbst erkennt als das, was immer war und ist und sein wird, ohne jedes Wenn und Aber in der Glorie seiner selbst, wie seines Wesenseins im Schoss der ewig unverbrüchlichen Natur.

Das Selbstbewusstsein hebt den Menschen in der Tat weit über alle Unbekömmlichkeiten, die dem Alltag innewohnen. Er schaut und schaut sein wahren Ichs Begründen als gegeben und geführt, als Hochburg des Gerechtseins, wie als trauliches In-eins-Sein mit dem Allerhöchsten in den Sphären des Gestaltens, die mitten in der Welt als webende Gebilde des Unendlichen verborgen liegen.

Bist du solchem Freisein zugetan, so läuten dir die Glocken wahrer Freude deinen Herzensfrieden ein und du erfühlst dich in unendlicher Glückseligkeit als Sein und Wesen in gedankenvollem Equilibrium, das sich im Zeitlichen und Ewigen zugleich befindet und in ruhiger Bestimmtheit das vertritt, was alle doch so gern vertreten würden.

Was ist es doch ein fraglos Unterfangen und Erlangen, in das Ewige einzutauchen und sich darin als wie ein Fisch im Wasser wohlzufühlen. Wie leicht und luftig ist die Welt der Geistessphären, die sich aller Dinglichkeit entzieht und die im Kräftewallen und im Reichtum der Ideen ihren Ausdruck findet. Das Befreiende in ihr ist zugleich auch der Bund fürs Leben, der an keine Grenzen stösst und der die Ungebundenheit auf seine Fahnen hat geschrieben. Du gehörst dir selbst in allen Situationen und befruchtest deines Seins Beständigkeit nach eigenem Belieben. Alles in dem Sein erweist sich als gelungen und getan, als edel und gerecht zum vornherein, weil es in eigener Instanz gediehen. So blühst du als das Deine in den eignen Gärten und erfüllst das Wesen des Ich Bin mit eignem Wohllaut als in die Gesetzlichkeit des Einen eingeschrieben. Individuum und Ganzes zugleich Bist du, ohne jeden Einspruchs Wirken und gefährdest deine Sicht nicht mehr durch Mayas Trug und Überheben.

In reiner Klarheit trägst du dich als ewig Heilgewordener voran und weisst dich in der Zartheit des Unendlichen geborgen. Bedenkenlos und fruchtbar leistest du, was dich zu leisten ankommt in dem allgemeinen Weben und beflügelst deine Schritte, um das Schöne zu vollenden, fein und wunderbar, das du dir ausgesonnen, dass es strahlend sich dem Weltgedanken einfügt und die Freude der Allherrlichkeit vermehrt.

Ohne Zweifel reichen die Gerechten ihrer Tage sich die Hand und reichen sich Gedanken und Gefühle wunderbar hinüber und herüber, um der Zärtlichkeiten willen, die sie sich antun in der Schau der reinen Lieblichkeit und Anmut des Gebarens. Es ist die Grazie des ewigen Friedens, die sich ausspricht in den Vielen, die sich recht verstehn und die ihr Werk zum Ganzen fugenlos zusammenfügen. Wunderbar ist das Bewusstsein ihrer Stärke, ihres liebevollen Miteinandergehns, wie ihrer Friedefertigkeit im Einen, das sie sind und das sie ewig seinsglückselig bleiben.

3.16

Bei Licht besehn, ist alles, alles Weltenwesen ein Produkt aus hehren Geisteshöhn. Du magst dich noch so sehr um Klarheit über dich bemühn, schlussendlich wirst du immer Mich als allerletzte Wirklichkeit in dir und deinesgleichen finden. Was das bedeutet, sag Ich dir aufs Tüpfchen zu: Des All-Seins allgewaltige Gebärde ist in dich wie in ein phantasievoll Bilderbuch geschrieben und setzt dich ins gewaltigste Erstaunen, wenn du's vor deinen Seelenaugen sachgemäss entrollst

Das Wohlbekannte schmilzt wie Butter dir dahin, wenn dir im Schauen des Bewusstseins kosmische Bedeutsamkeit erglüht und dir Gefolgschaft leistet durch den all so hellen Tag der tausend Dienstbarkeiten, die dich an das Leben binden hier im wohlvertrauten Reich der Illusionen.

Alles ist Bewusstsein von sich selbst und fühlt sich als die Mitte seiner Welt in Micro- wie in Makrodimensionen. Lässt das Geringe seine Selbstheit fahren, kann es das Allweltliche als seine Mitte in sich sehn und damit prägt es sich das Siegel des Ich Bin in seines Ichseins Wunderwerk, voll Verve und Güte als der Seinsgesetze würdevollen Pol.

Trifft es für dich zu, dass du dem Seien dich ergeben, wandelt sich dein Seinsgefühl zur Wonne absoluten Freiseins in der Liebenswürdigkeit der Sphären. Die Dinge deiner Wirklichkeit gestalten sich nach Sitte, Mass und unermesslicher Gerechtigkeit am Leben. Alles Wesenhafte wird sich freundlich und gesellig, als im Einen flutend und das Eine sich bedeutend, in bewundernswertem Einklang der Ideen zueinander finden.

Alle so Geweihten widmen sich demselben Zug der Evolution, der in ihr Herz geschrieben, und ihr Gebaren singt das Lied des Götterwillens, dem sie sich in mächtigen Chören, frank und frei und mustergültig weihn.

Ihnen ist der Ansatz klar, der zur Vereinigung der Kräfte führt und zur Vollendung aller Seinsgegebenheiten. In den Tempel der Verklärung gehn sie ein, mit allen Ambitionen und mit aller Herrlichkeit, die sie am grossen Werk geschaffen haben. Glückselig dürfen sie sich nennen, und im innersten Beglückte dürfen sie auf ewig sein im Schallen der Triumphe, die die göttliche Natur in ihrer Allheit feiert und im liebevollen Sinnkreis auch in dir.

3.17

Alles schiesst aus Eigenem wie eine Sturmflut pausenlos hervor. Ich mag kaum warten, bis die grossen, allgewaltigen Dinge Mir geschehn. Es ist ein Zug zum Überbieten noch der unwahrscheinlichsten Begebenheiten, leidenschaftlich vorwärtsdrängend in Mein Sosein eingeschrieben. Alles ist Bewegung und Behauptung und Beseelung, was Ich in die Welten sä'. Ist es dann Musik, so überklingen sich die Violinen und Schalmeien, Pauken, Zimbeln und Trompeten in bewundernswerter Dichte des Agierens. Alle, alle stellen dar, was Mich bewegt und was den Künstler dazu antreibt, sein Empfinden durch das Notenspiel und die Geschliffenheit des Intonierens ins Allmenschliche zu giessen.

Laufen Dinge aus dem Ruder, tritt das Chaos ein, als Fall-Beispiel, doch wo Ich Bin, herrscht ruhiges Gewalten und besonnenes Gelispel, denn die Götterruhe lässt sich Mir nicht zu stören. Balsamisch fliesst der breite Strom der Zeit dahin und öffnet sich im Delta der Vergänglichkeit ins Vielzerfliessende, um dann zurück ins Meersein der Unendlichkeit zu strömen. Ich wirke wild und mild in wunderbarer Eintracht mit Mir selbst den Gang der spriessenden Äonen, die Entschiedenheit, mit der sich Welten bilden und vergehn, und trage allergrösste Sorge um Mich selbst in ihnen. So werf Ich Mich ins abergrandiose Spiel.

3.18

Wie bist du so glücklich, was wirst du wohl tun? Im Reigen der Bekömmlichkeit dich an Mein Ganzsein lehnen.

Nun ist des Freudentages Licht erschienen, wo alles stimmt, was Ich Mir denn als wohlgestimmt erdenken könnte, wo alle Hindernisse hinter Mir sich als ein Heer von Illusionen und Befürchtungen erwiesen haben. Wozu dies alles, denk Ich, wenn Ich doch Mich selber Bin in dem, was Ich erlebe und zu Meinem Sein erhebe ohne jeglichen Behinderns Spur.

Alle Lieblichkeit der Welt ist nun auf Meine Seite hingeschrieben, genauso, wie es immer war, und was Ich Mir darin bereite, ist vollkommen frei von jeglicher Gefahr. Ich darf Mich in der Wonne wiegen, die Mich ergriffen hat zumal, nach Meiner Seele wunderbarem Siegen, im vielbewegten Erdental. Die Zeit ist um, es brennen neue Lichter am wundertätigen Altar, und neuen Seins erhabene Gesichter erscheinen vor Mir hell und klar.

Was niedrig ist, lass fahren. Das Hohe, Heitere fällt dir wie Sternentaler in den Schoss, wenn du der stillsten Stille pflegst in deines Herzens Meditieren. Es ist ein Deine-Gründe-suchen-finden-und-

Verstehn, ein hochgeborenes Dich-Auseinander-setzen mit den Stimmungen, die dich im Seelensein durchziehn und die dein Geistiges sind im Leben. Du fühlst sie und erkennst: Das ist das Wirkliche, das alle Welten antreibt und dem sie sich so selbst-verständlich übergeben sollen.

Du horchst, und die Erhabenen verbinden sich mit dir zu einer Wohlfahrt ohnegleichen, die weder Mangel, noch Verluste zulässt, sondern aus der Fülle Fülle schafft in allen Regionen ihres Wirkens, wie auch Bewusstheit ihrer unbedingten Stärke in des Fortschritts wohlerwogenem Kalkül.

Ich meist're, spricht dein Selbst, was dir mit auf den Lebensweg gegeben und bestimme deiner Tage Glanz von freudevoller Überlegenheit und licht-erfülltem Dich-Verstrahlen. Bist du dir selbst gehorsam, tritt deine beste Seite ins Erscheinen und erhebt dich in die Gilde der Verklärten.

Du bestätigst dir das Unvergleichliche, das du schon immer warst und das die Wahrheit ist im aller-innersten Bereich des Seins, dem du dich lauschend hingegeben.

Gleichmut, Güte und gelebtes Frohsein sind dein Teil in dieser benedeiten Zeit des absoluten Wachseins und der fürstlichen Gedanken über Weltenläufe und Beförderung der Evolution im allweiten kosmischen System. Du fühlst dich mitten in ihm aufgehoben, fühlst in seinen Wirbeln deines Eigenseins Präsenz und deines Mit-dir-Kämpfens Strategie der weiterführenden Potenz und des Gelin-gens grosser Werke in der Glorie der Erfüllung und des Ruhms.

In voller Überzeugung stellst du dich in Meiner Treuen Heer und hast begriffen, was es heisst, die

Ehre des Allhöchsten anzustreben und den Dienst am Weltenbau mit Liebe und Gedulden zu versehn. Die Blüte deiner Zeit wird kommen unfehlbar in Meinem Dich-Behüten, Lenken und Mit-Wonnesein-Verbrämen. Im Aufschwung der Gedanken ist das Heil begründet, das Ich dir vergebe, und im Ausdruck reiner Anmut wirst du, was du Bist, in wohlbegründete Begriffe prägen.

Der Adel deiner Züge ist der Wohlfahrt Meines Himmelseins entsprungen und alle Lieblichkeit der Welt entspringt dem Reinen, Zarten, das Ich selber liebenswürdig nenne, weil es dem entspricht, was Ich Mir selber Bin im Ewigen und Absoluten, schöpferisch Befruchteten und eingefahren in den Tempel reinen Ruhns im weiselos glückseligen Verweilen.

3.19

Ich Bin im Geisterland, wenn Ich so über Mich verfüge. Unbescholten, herrlich, siegesfroh. Es kann kein Zweites zu Mir kommen, wenn Ich bewusst im Einen steh des Unbedingten, das die Grazie der Himmel in sich fasst und die Gepflogenheit des Göttlichen im Zeitenlosen.

Zur Gänze unbekümmert um des Weltlaufs schicksalsträchtiges Gehabe, spendet Mir das Sein die Wonne hocherbahnen Wohls, wie das Empfinden unermesslichen Vereint-seins mit dem Grenzenlosen. So ist es denn ein Liebesabenteuer, in dem Sein zu leben, das die hohen Werte dir vergibt, die es für dich aussehn und das dein Herzensglück besiegelt in der Traulichkeit des ewigen Behütens.

3.20

All-Liebe fördert, was Ich Bin, in der Weise des Vergütens Meiner Herzlichkeit vor dem Lebendigen in allen Phasen des Entfaltens seiner inneren Bravour. Wo Seele ist, da nistet sich die Freude ein in der Gestimmtheit des Sichrecht-Verstehns, wie im versöhnenden Behüten wahrer Freundlichkeit im Umgang mit den Vielen.

Du vergibst dich ganz und erhältst zurückgeschenkt viel mehr, als du von dir dahingegeben. Du bejahst und sicherst dir damit das Vorwärtsgehn in grossen, wunderbaren Zügen des Vereinens aller positiven Kräfte zu der einen, unbesieglichen, die alles möglich macht in deinem Wirken und Bestehn.

Deine Werte prägen sich unweigerlich dem Wertgehalt der Welt für immer ein und stärken die Gewissheit, dass sie einer Güte zustrebt von unendlich reinen Graden und von einer Lieblichkeit des überirdischen Beglückens ohnegleichen, ob der sich die Verständigen in seinselysischer Gelöstheit finden wie in einem liebeszarten Austausch von Gefühlen, die durch alle Weltenbünde hin und wider gehn.

Erstaunen mag es dich, im Wunderwerk des Alls so konsequent das Kleine wie das Abergrosse inniglich vereint zu finden, in derselben Strategie des Aufblühns der Wahrhaftigkeit und des Gesundens an sich selbst durch Streben nach Vollkommenheit und Herzensgüte, nach Bewusstheit und bewusstem Meiden der Gefahr. So wird der Tau der Menschenfreundlichkeit geboren; so ändert sich der Sinn dem Hohen, Heiligen entgegen, das hinter allem Offensichtlichen verborgen liegt und aller Tugend Ausbund ist im Wunderbaren.

Du stehst und schweigst und fühlst dich von ihm angesprochen in besondrer Weise, einzelgängerisch, bedeutungsvoll, erhaben, licht und schön. Du erfährst, was es bedeutet, auserwählt zu sein und zugleich mit Gestaltungen begabt, die dir auf das bestimmteste obliegen. Es ist ein Sollen und Den-Ernst-Begreifen, der in der Bestimmung göttlicher Präsenz verborgen liegt. Da walten Kräfte von untrüglicher Besonnenheit und Weisheit, strömend aus den fummeln deinem Seinsgemüte zu, und Wunderbares wirkend, wo die Herzen offen sind fürs sanfte, heitere Belehren.

So wandelt sich der Sinn und mit ihm eine Welt zum Guten, Freudevollen und Gezähmten. So gehst du ein in die Allherrlichkeit der Sphären und gewinnst ein Trauliches mit Dem der Ist und der dich wirkt in Seinem Sich-Begründen als in einem Sein von Harmonie und Wohlgestimmtheit, Wachheit und Glückseligkeit in immerwährendem Sichselbst-Verglüh'n.

Das Gewahren Meines Seins bringt unermess'ne Freude in die gute Stube Meines strahlenden Bewusstseins und bedeutet Mir in haargenauer Folgerichtigkeit, wie sich die Lebensdinge innerlich verhalten. In Windeseile öffnet das Erlösen eine Welt von liebeströmender Magie vor Meinem Schauen, die, vollkommen mit sich einig, ihre Meisterkreise durch die Sphären des Gedeihens und Gedankenschaffens zieht, um sich darin in sprudelnder Wahrhaftigkeit zu üben. Regsam, strebsam und gewissenhaft erfüllen alle seinsbewussten Geister ihren Dienst am Ganzen Meiner weisheitsvollen Strategie der überragenden Vernunft in jedem Nu, die Meines Mich-Erbildens Stärke ist und Bürg-schaft Meiner Hoffnung auf Gelingen.

Voraussicht auf die Wirksamkeit des Wagemuts von Generationen ist Mir eigen, wie gesammeltes Gewahrsein dessen, was sich zutrug in äonenlangen Litaneien von Behutsamkeit im Wachsen und Erwachsenwerden, von brillantnem Überlegen und hauchzartem Innewohnen in den Filigranen der Erbaulichkeit am Leben.

Erfolg ist nur mit Angestrengtheit zu erreichen und diese ist ein Schmerz im Dasein, den die Freude des Erfolgs gefällig wieder von der Tafel des Bewusstseins auslöscht, wenn die Dinge seinsrecht gediehen sind. In Meiner Weise Zug liegt die Geschicklichkeit des Götterernsts, mit dem ich das Allraumen meisterlich regiere und Meinen Anhang in taufrische Formen zieh.

Das ist es, so du Bist, was zählt in deinen, Meinen Gründen und was die Saiten klingen lässt in eines Herzens Wohlverstand und Güte, einem lohnenden Gespräch und einer Geste des Vereinens. Komm und schau Mich an in deiner Innigkeit Gewahren und erlebe mit Mir das glückseligmachende Das-Sein-Eratmen, das an jedes Weges Ziel verborgen liegt und dem die wachenden Gemüter ihres Strebens Wohllaut weihen.

Bist du, so Bist du auch in Mir ein Kleinod des Geborgen-seins und eine Zierde Meiner Medita-tionen. Siehst du Mich als Meister wunderbarer Ruh, so strahlt sich jede Silbe deines Überlegens in dein eigenes Beruhn in heitrer Stille, wie in das Gewahren der Allherrlichkeit, die deiner Würde Inhalt und das Mass des Werdens ist, dem du in alle Ewigkeit die Treue zugeschworen.

111

3.21

Erfüllungist Erfülitsein von der Geistwelt in den Höhen, spricht Er unhörbar sein Wort in das Gewissen des Gesegneten, der seiner Zeit vorausrennt, dem geliebten Vaterhaus entgegen.

Ich Bin der Geist der Wahrheit und der Stärke, spricht Er dir ins Herz hinein und bezeugt dir, dass es deine Stärke ist, wenn du bereit bist, ihm aufs allertreffffichste zu folgen. Umformen will Er dich mit seinen Idealen, will sie unvermittelt in dein Seinsgewissen prägen, dass du wie verwandelt dastehst in der Klarheit göttlichen Geblüts.

Allgüte kennt, wer sich in sie verschlungen. Des Dienens wundertätige Raison bestimmt sein tägliches Verhalten, Frieden spendend und Verbindlichkeit im menschlichen Getriebe. Dein Innesein ist voll der Freude des Erwartens grosser Zeiten, die schon als Märchen der Holdseligkeit an deiner Schwelle stehn, Du schaust und schaust und kannst es kaum begreifen, welche Wonne dir entgegenströmt des Seinsvollendens, makellos und traut, dass du dich eingebettet findest in die Lieblichkeit der Sphären.

Du vergibst dich und Vergebung strömt hernieder; du lächelst, und das Lächeln der Unendlichkeit erfüllt dein Sein mit einer Grazie sondergleichen. Nun ist wahr, was immer deiner Seele Sehnsucht sich erbeten, der Reichtum reiner Fülle ist dir offen, und die Zärtlichkeit des Himmels fährt dich ins Glückseligsein im reinen Dich-Vergeben. Andächtigen Schweigens huldigst du dem Unergründlichen, das dir geschieht im Lichterstrahlen, und erfährst die Weihe der Unendlichkeit im Wohllaut des Entzückens ohne Richt und Ziel.

3.22

Sag: Dieses Rätsel löst sich in sich selbst, so wie sich alle Lebensrätsel einmal in sich selbst erlösen. Sich selbst sein

heisst, Mich sein mit allen Attributen des Erkennens und Benennens, wie des bedeutungsvollen Schwingens in der Melodie des Ewigen, die als ein Zauberwort die Lebenszellen allesamt durchströmt und ihnen Weisheit ist, Belehrung und Besänftigung in allen möglichen Bewusstseinslagen. Meiner Absicht sich aufs wunderbarste anzugleichen, ist des Rätselratens eigentliche Lösung, die den Preis erhält, den Ich ihm vorgegeben. Dein ganzes Sein besteht aus Vorgegebenheiten, die du zum allergrössten Vorteil nutzen kannst, wenn du nur einsiehst, dass es Meine sind in der bedeutenden Voraussicht, welche Ich durch Meine Patenschaft ins Leben trage. Opponenten stärken nur den allgemeinen Willen, dem Harmonischen und Seinsbeglückenden den Weg zu ebnen und schliesslich das Geordnete und Segenvolle in der Welt zu etablieren.

Was ein Kraut ist, hat auch einen Stengel, was ein Gott ist, hat den Engel, um die Holdseligkeit voranzutragen. Eines stützt sich auf das Andere, hinauf bis in das Allerhöchste, das Ich Bin in deinen Rängen und Gesängen, deinem Edelmut, wie deinem scintillierenden Gewissen, das das Meine wider-spiegelt in der Lebenstage Flor.

So geht alles seinen Weg und hinterlässt die Spuren, die ihm eigen. Hinterlässt sie als von Mir, gesegnet und geführt, gesundet und zum grandiosen Fest geladen des Erkennens Meiner Souveränität in jeder Geste, die da wirkt und waltet, wesenhaft gestaltet und erhöht im Sinn des Absoluten, das Ich in Mir trage.

Knüpfst du, knüpfst du immer an Mich an und, ohne es zu wissen, in der Akribie der klingenden Geschäfte wie des Mehrwerts, der für dich herausschaut im Berufsverfahren. Meiner dabei zu gedenken, ist der Grundstock der Geselligkeit mit so und so viel Wesen, die Potenz, die dich in wohlbegründeter Manier ins Wirkliche hinunterführt,

Genauso wie die Brünnlein ihren Strahl der Sehnsucht nach dem Meere weihen, trittst du mit der Sehnsucht nach Unendlichem an und wirst dich unbedingt auch einstens in ihm wunderbarerweis' verlieren. Du hast dich aus dem Ganzen in die Inbrunst des Besonderen gestossen und ein Etwas stösst dich wieder in das Eine, als in eine Flut von meisterlichen Gaben und erles'nen Inspirationen von der Art, wie sie die Göttlichen zum Menschlichen hinübertragen.

Das Gezähmte gleitet in Gerechtigkeit und Sanftmut durch die Zeit dahin und gleicht dem breiten, würdevollen Strom, an dem die Stätten der Beschaulichkeit ihr ausdrucksvolles Bleiben finden. Die Bewunderung der Güte der Allherrlichkeit ist eine Folge des Sich-häuslich-Niederlassens, wie der Neugeburt an ihren Ufern, wo die Lebensdinge sich voll Selbstverständlichkeit von selbst erklären. Weisst du, dass du Bist, so können es auch alle andern wissen, die da wollen und die Zeichen recht verstehn, die zum grossen Wissen führen in der Litanei der Stufen, die dir vom Verbanntsein in der Maya bis hinauf zur Sonnenklarheit der Vergeistigung gereichen.

3.23

Wer Mir glaubt, kann sich erlauben, vollkommen unbesorgt und fröhlich seines Willens Kräfte auszuspielen. Er erfährt, was es bedeutet, Hilfe zu erlangen von dem höchsten Thron und allem, was ihm vordem nützlich schien, getrost und heiter abzuschwören. Wer Meiner Stimme sanft erhobenes Gemurmel recht versteht und seiner Silberlaute Spur verfolgt im Aneinanderfügen, der erobert sich die Kräfte des Erkennens seiner Situation im Welten-leben und beginnt, sich frei und unbeschwert in ihm und seiner Wohlgestimmtheit zu bewegen. Seine Seelenkräfte lässt er spielen, als in der Bewunderung der Meinen, die in ihm die allerreinsten Kreise ziehn. Aufbau seiner selbst betreibt er durch den Minnesang an Meine Grossnatur, wie durch die kindliche Ergebenheit, die er zu Mir auf Schritt und Tritt bekundet im wundervollen Seinserfahren.

Plötzlich strahlt die Sonne zwischen Wolkenbänken seins-belebend und beseligend hervor. So tritt das Geisteslicht an dich heran mit seinen Gnaden und den Gunstbeweisen seiner Richtmass setzenden Bravour. Du schwimmst in Freuden allsobald, wie du's erkennst im Grünen deiner Seelengründe, voll Bescheidenheit und Zuversichtlichkeit und im Elan des Lernens, wie man wahrhaft weiterkommt im ungeheueren Gespiel.

3.24

Wenn es dir wohl erging, so war Mein Einfluss offensichtlich auf dein Weben und Erleben im Tagraum wie in nächtigen Bewusstseinssphären. Du erntetest, was du gesät an Seinsvertrauen und geschicktem Navigieren auf dem Meer der Maya, das dich noch so gern in seinen Fluten untergehen säh'. Nichts Geheimes, nichts Gemeines darfst du dulden im Bewusstsein deiner Sendung als Verkündiger von Gottes Licht und Strahlen. In aller Form komm Ich dir unverwandt entgegen in der guten, lautern Art, mit der Ich noch in jeden Winkel der Bewusstheit deiner selbst Begeisterung am Leben trage und dir Wendigkeit im Überlegen, wie den Reichtum reiner Wonne im beseligenden Tun verleih.

Einen trifft's, zweie trifft's; doch längst nicht alle in der Myriadenschar der Denker, Philosophen, Mantrenflüsterer und Sitzgelehrten sind dazu berufen, Meines Seiens Wohlfahrt und getragene Beglückung auszustehn. Sie sind, doch ohne es zu wissen, in der tatenträchtigen Geschichte ihrer Tage. Sie werfen auf, und alles fällt in ihre braven, brachen Gründe nieder, ohne wahre Frucht an ihrem Lebensstil. Nur wer geruht, in schweigender Beharrlichkeit den Gang in Meine Sphären zu ersehnen, kommt dort an, wo eitel Freude herrscht und Friedefertigkeit im liebevollen Auferstehn.

Wer gibt dir das Geleit dazu? Ich, durch die Äonen mit den Raffinessen einer grossen Inbrunst des gestaltenden Elans und mit soviel an Seele, dass die Seinserkennenden darob entzückt sind und sich in der Sicherheit des Absoluten als in einem Wunderbaren wiegen.

Erlebst du dich als in dem Geistesfeuer flammend, das die Sternenwelt bewegt, stellst du als Seinsbewusster dich ins Eine, das da Ist und seine Meisterschaft beweist im wundertätigen Kreieren.

So geb Ich Mir, so leg Ich Mir das göttliche Geleit durch die Gezeiten Meines Mich-Erfindens, weltenträchtig, weltenprächtig in wohlbedachtem Vorwärtsdrängen. Durch jeden Weltenaugenblick Bin Ich als Wesen in den Wesen durchgegangen und habe Mich gestählt und auserwählt in ihnen. So hangen sie Mir an, so langen sie nach Mir in wunderbarem Gluten und lassen sich mit jedem Evolutionen-stoss an die Unendlichkeit verfluten.

3.25

So friedevoll und seinserhaben ist, was Ich hier schauend vor dem Herrn vollbringen darf. Gestählten Mutes leg Ich Zeugnis ab von des Allherrlichen Befinden in den Tiefen Seiner Gunst im Menschenwesen.
Ich weiche nicht von Mir, weil Mich die Seligkeit ergriffen hat in reinen, vollen Zügen. Es verwandelt sich des Daseins Unbotmässigkeit zum Sein in der Begrifflichkeit der Sphären. Des Bewusstseins Freudenspiel vermählt sich mit dem höchsten Wesen im erstrahlenden Azur, derweil Ich Mich voll Zärtlichkeit in seine Gegenwart verströme.

3.26

Tauben werden Meine Boten sein, die dir die Nähe des gelobten Lands bezeugen. Gestillt wird dann das lichterlohe Sehnen deines Herzens nach Unendlichkeit und Frieden, denn in allem, was da Ist und leidet, Bin Ich Mir selber hold, um es schlussendlich ins seraphische Bewusstsein zu erlösen. Immer Bin Ich da, die Ernte einzubringen, die Ich ausgesät in dir. Ich prüfe dein Benehmen und veredle es, bis hin zum Reinheitsgrad der Diamanten, die in Feuerkraft erstrahlen und die Staunenden entzücken um sich her. Hast du deinen Eigenwert begriffen, darfst du in die Hallen der Verklärung treten und dein Angesicht sich in dem Meinem spiegeln sehn. Es hebt das grosse Schweigen an der Ehrfurcht vor der Unermesslichkeit der Sphären und der Liebewirklichkeit darin. Nirgends bist du besser aufgehoben, als in Meinem Lichtarom und in der Wonne, die es deinem Seelensein gewährt.

3.27

Du in den Traum Geborener in deinen Nöten, Ich lasse dich nicht ins Verderben gehn. Versöhnung ruft's in alle Winkel deines Herzbefindens, Versöhnung in die Rauheit deiner Ich-Natur.

Frei für eine neue Welt im Weiterleben, unbeschwert und ungebunden darfst du in die Zukunft schreiten, sowie dich nichts mehr hält an selbstbezogenen Gefühlen. Was Ich in Wachheit, Oberwachheit formuliere, ist der Widerhall von deiner Absicht, dich dem Künftigen zu nahn in neu errungner Offenheit am Leben. Unbestechlich wie Ich Bin, muss Ich zuletzt das Letzte von dir fordern an Beständigkeit und Reinheit der Gedanken, an namenloser Sanftmut der Gefühle, wie am Willen, Meine Pläne ohne jeden Abstrich mustergültig zu erfüllen.

Sprech dir dies Versprechen in die Seelengründlichkeit für immer und trachte darnach, es zu halten um der Liebe willen, die du zu Mir hegst. Achte auf die

Zeichen, die Ich dir am Lebensweg vergebe, um dich unversehrt zum Heil zu führen.

3.28

Ich Bin Mir selber Rat und Tat in allen Situationen, wie im Seelenlicht, mit dem Ich Mich durch das Unendliche führe. Immer wieder hat es sich erwiesen, dass Mein alldurchdringender Gedanke die Oberhand behält im Kampf um Klarheit und Gewissenhaftigkeit, mitten in dem Sternenchor.

Unentwegt Mir selbst zu dienen, wache Ich an Meinem Herzenstor und gewähre Einlass nur den allerreinsten, aller-lichtesten Intentionen. Niemals klage Ich Mich an, derweil Mein Wohlverstand noch jede Klippe meisterlich umschifft und sich zu sicheren Gewässern durchschlägt, wie's die Sylphen Mir empfohlen haben..

Wach ist Mein Geist und wacher als die aufgewecktesten der Geister, die da sorgsam ihren Nimbus pflegen. Nur feingeschliffene Gedanken treten, strahlend vor Begeisterung, aus Meinem Zelt hervor und fügen sich ins Weltgewoge als Gewinner und Vollbringer urgewaltig ein, um neue Seinsdimensionen zu erschliessen.

Ruhselig ist Mein Sein, sowie Ich Meines eignen Aufwalls Mich entledigt habe. Leer ist der Lehrer in Mir, aufgezogen das holdselige Banner der Glückseligkeit, an dem Ich Mich in Selbstbewusstheit, Seinsbewunderung und Wachheit königlich erlabe.

3.29

Erlabe dich am Sein, will ich dir sagen und behüte deine Schätze als ein kostbar Angebinde, das dein Wesen ziert, befördert und vollendet in der Tage Hoffnung und Gewähr.

Deine eigne Weisheit taugt nicht viel. Es muss das königliche Ich sich elegant und selbstbewusst dazwischenschieben und sein Recht bestätigen in deines Daseins Sinngedicht und Weben.

Eine Gabe wunderlich trägst du von dannen, wenn du bei Mir bettelst um das Ich, das dich ermannen soll in deinen reifen Tagen. Es ist die Kraft des lupenreinen Deine-Gegenwart-Gewahrens im Erkennen deiner selbst, indem du Mich erkennst, indem Ich dich erkenne, als das wahre Wesen der Unendlichkeit, das Ich dir Bin in deinem Dich-Begründen.

So du Mich erkannt hast, kennst du aller Dinge lebenspendendes Arom, den Hauch der Güte und des Heils, mit dem Ich alle Welt begabe, wie die Fülle der Glückseligkeit, die Mich in dir befriedet und beseelt.

Eine Leier schenk Ich dir von auserlesner Güte, mit der du Mich besingen mögest durch den Freudentag, indem du lebst und webst wie neugeboren. Ich webe mit und pflege, was du Bist, in deinen Runden als Mein seinsgesegnetes Idol, voll Weisheit und Belehrtheit des erkennenden Elans, mit dem Ich dich begabe.

Trau dir in Meinem Strahl das Allerhöchste zu, das sich erheben kann in deinen Wundern, und begreife, dass sich in den deinen ein Allmenschliches vollendet und erfüllt in wonnevollen Sphären.

Kraft des Seinsvertrauens

4.1

Verlasse dich darauf, dass Ich dich wohl behüte, noch im letzten Winkel deines Weltbewohnens. Turbulente Szenen mögen dir beschieden sein und deiner Hülle weh tun zum Erbarmen. Ich aber glätte und befriede jeden Aufruhr nach der Kraft des Seinsvertrauens, das du zu Mir hegst, und überwinde, was dir feindlich und verderblich war.

Darauf Bist du wieder Meister deines Seins, deiner Angelegenheiten Richtschnur, wie des Wohlbefindens dankender Geniesser in des Lebens Haftung und Befehl.

Vollends gehst du auf in deiner eignen Würde Strahlen und erfühlst dich in des wahren Seins glückseligem Entbinden. Deiner Seele Tage gleiten mild und schön an dir vorüber und erheitern, was du Bist, in vollen, warmen Zügen. So komm ich deiner Absicht, nur zu sein, unendlich sanft entgegen und durchströme deines Hierseins Wert mit Meinem, folgenschwer.

Aufatmend gibst du dich dem Hohen hin, das Ich dir Bin, wenn sich barmherzige Zweige zu dir neigen und deinem Sosein Festlichkeit und Harmonie verleihen. Du Bist der Weltenfeuerkraft aufs innigste vereint im Wissen um dein Ziel und fühlst dich von ihr wunderbar umlichtet und umwogt. Wie sagen's doch die Gottbegnadeten mit unnachahmlicher Gebärde reiner Sanftmut, wenn sie in vollendetem Beglücken in sich selber ruhn und von der Obrigkeit in nächtlicher Vigil die Würde reinen Seins empfangen.

Worin besteht es denn, wenn nicht im strahlenden Bewusstsein, das ihm eigen, in der Meisterschaft des

Schweigens aller Wünsche, wie im Meer der Wonne, das ihm Heimat ist und unermessliches Genügen. Du kommst und gehst und bist doch immer in dem Einen ganz daheim, das deines Wesens Ursprung ist und deines Daseins Redlichkeit im ewigen Zusammenfügen. Du Bist der Meister deiner selbst und Bist doch unerschütterlich in eines Hocherhabnen Güte eingeschlossen, die gibt und nimmt und fern und nah ist zugleich in der namenlosen Zärtlichkeit des Bei-dir-Weilens. Begreifst du, dass die Liebe sich vergibt in Lauterkeit und Grazie und aus der Fülle des allmütterlichen Dich-Umfangens.

4.2

Allein das Unberechenbare darf in sich den Wert des Neuen tragen. Gehst du vor, so gehst du ins Riskieren, ob du ein Zuviel verursachst oder ein Zuwenig und an beidem deine Fingerchen verbrennst. So wird's gemacht, will dir das Schicksal füglich sagen und dich zur Mitte führen zwischen den Gefährlichkeiten, die du dir heraufbeschwörst mit deiner Wahl. Dann aber hindert dich nichts mehr daran, dein Leben als in grandioser Fahrt zu sehn durch Weltenzeiten und Äonen. Das Erfahren deiner selbst in deinen Wundern steigert sich von Mal zu Mal, in dem du als die neugeborne Menschenblüte in des Daseins Fakten darfst erscheinen. Mählich legst du deine innere Würde bloss, indem sich dir das Göttliche enthüllt, an dem du Anteil nimmst nach Einsatz und Bewältigung der erdenbindenden Gefahren.

Du selber öffnest dir die Siegel zu dem rätselhaften Buch, des Inhalt dich zum Lichte führt und zur Erhabenheit in deinen Tagen.

Erkenne, dass du Bist, ist dann für dich kein Unbekanntes mehr, und du gereichst dir selbst zum Heil, indem du dich dem Heiligen verbindest, in Gedanke, Wort und Taten.

Was du dir Bist, erweist sich als das Unvergängliche in allen deinen Lebensnöten, das dich in sicherem Bewahren durch die Ewigkeit des Existierens führt.

Des Fabelhaften wirst du inne, das die Evolution durchzieht in allen Regionen fortgesetzter Wirklichkeit des Lebens, sichtbar, ungesehn, doch kräftevoll und liebelicht in allen Dimensionen, die es sich gewährt. So Bist du, als das Göttliche, gestählt und in dir selber bestens aufgehoben, bist einem Himmel von glückseliger Attitüde angetraut und darfst dich in der Wohlfahrt deiner Seinsgeschichte in ihm vollends heimisch fühlen.

Regsamkeit und Schweigen sind dein selig Los im Ganzen der Geselligkeit mit irdischen und überird'schen Wesen. Nichts ist dir fremd, was Ist und was Gehorsam leistet und Befehl, was Tücke meistert und Gebiete sich erobert paradiesischer Natürlichkeit und sehnsuchtstillender Geklärtheit in erhabenen Bewusstseinssphären. Absolutheit prägt dich ebenso, wie Liebe zum Geschaffenen, das in dir seine Kreise zieht allweltlichen Gebarens.

Was ist Bewusstsein, wenn nicht Seinsbewusstheit überall, wo du dich findest und erwählst, wo du betroffen bist und dich zu äussern hast in Tat und Wahrheit, in Gerechtigkeit und Milde, wie in liebevollem Dich-Verstrahlen. Strömst du hernieder, bist du der Sonne gleich die wunderwirkende

Behüterin des Lebens um dich her und bist Bewahrer guter Sitten und Vertrauter des Vertrauens, das sich als ein Schimmer der Gottseligkeit um alle Lebenswelten legt, die sind und die sich für das Seinserhabne engagieren.

Errate dich, und du Bist allen Rätseln wunderbar enthoben, wie die Friedenstaube, die in wonnevollen Weiten ihre Freudenkreise zieht.

4.3

Der Ich-Bin-Gedanke wird dir gut tun, weil er aus dem innersten des Herzens kommt und aller Reinheit Züge in sich trägt, die Ich vermag aus Meinem Sein für dich zu offenbaren. Wohin die Güte führt, sollst du daraus erfahren;was das wunderbare Sich-Verschenken in sich trägt, soll Meine Botschaft sein an deines Herzens Tor und soll es läutern, selig machen und verklären. Denn die Dinge Meiner Denklust sind nun einmal dazu angetan, Begeisterung wie Befriedung auszulösen und dem empfänglichen Gemüte eine Schau zu bieten von Erhabenheit, Glückseligkeit des Weilens im Unendlichem, wie namenloser Zärtlichkeit im Dichmit-Edelmut-und-Grazie-Umfluten.

Nur, was du willst, soll dir von Mir geschehn in deinen Wundern, nur deines eignen Wohllauts wohlige Gestimmtheit will Ich dir vermehren, in deines Seiens Sinngedicht und Strahlen. Du sollst von Mir ein Abbild sein des Wohlverstands im Weben, wie der Heiterkeit des Seins in allen Lagen deines schicksalsträchtigen Bestehns. So lass Ich Mich voll Sanftmut bei dir nieder und beselige, was du dir bist, indem ich dich in Träume wiege von so liebelichter Schöngestalt, dass du entzückt vor ihnen deine Arme in die Weite breitest und sie warm umfängst in seligem Dich-an-sie-Verlieren.

In solcher Lauterkeit und Trautheit soll die Weltenweihnacht dir zum Fest der schönen Liebe werden, das Herzlichkeit und Anmut des Begreifens in sich trägt und deines Seelenlächelns Fülle strahlt ins staunende Gewahren.

4.4

Lange Zeit hab Ich nach Mir und Meiner lebenspendenden Behutsamkeit im Grünen. Es ist vollbracht, kann Ich nicht sagen, solang noch so viel Unerlöste Meinen Wert beschneiden und in Meinem Wundergarten müssig gehn. Ich Bin dem Ganzen auf der Spur und reiche jeden Wesens Herzblut Meine Hand, um es hinüber in Mein Reich der mustergültigen Besonnenheit zu führen. Hältst du dich vor, so stosse Ich von hinten. Bist du inmitten eines Rudels von Gerechten, so ziehe Ich dich an mit unnachahmlich liebevollen Kräften und Beschwörungen, dass du dich Tag für Tag nach bestem Willen Mir zu nahn verpflichtet fühlst in deinem wirkungsvollen Streben.

Bist du dir bewusst, dass all dein Wirken und Verlangen Meines in sich schliesst in unauslöschlichem Verquicken der Gegebenheiten. Dass du Bist ist Meines Seiens Grad und Gleichung; dass du dich gedankenvoll ins Tagewerk verhaspelst, ist in Meinem Seelensein beschlossen als facettenreich geschliffenes Idol. Du lägest nicht in Ketten, wenn nicht Meine in dir klirrten. Du rissest sie nicht stracks entzwei, wenn deine Kräfte nicht den Aufschwung Meines Willens nach Befreiung in sich trügen.

Du schwimmst im Lichte, das Ich aller Welt vergeb und brauchst nur deines Seelenauges Lid zu öffnen, um es in dir strahlend rein und wunderbar beglückend anzusehn. Dann funkeln dir die Schätze Meines Reichs in voller Klarheit und Beständigkeit entgegen und sind dir eine Gabe der Unendlichkeit im Rollen der Gewässer wie im Stampfen der Maschinen um dich her. Ihr Glanz befriedet deiner Unruh Summenfolge und verklärt dein Menschsein so gewiss, wie dir die Strahlensonne überwältigend den Tag verklärt mit ihrem Lichterbrausen.

Meines Seiens Sendung ist ein Geisterheer, das allem Wirklichen Bestand und Güte, Seinslebendigkeit und Fabelhaftigkeit verleiht von Meinem strahlenden Begründen. Und wachst du mählich auf in Mir, trifft dich des Seinsbeglückens Strahl voll Grazie und Zartheit in der Wesensmitte und besiegelt deine Ankunft im Elysium, wo alle Sinne schweigen und die Heiterkeit der Stille ihre Pracht entfaltet. Du lebst die Dankbarkeit in vollen Zügen und erfährst dich als in namenloser Freie und Genügsamkeit am Sein und sinnenden Erheben.

4.5

Viele Seinsetappen führen dich zum Ziel des überirdischen Begreifens deiner Angelegenheiten. Vordem war's ein Schwimmen wie im Meer des unbewussten, unerklärlichen Agierens. Gegenwärtig Bist du des Erhabenseins Gewähr in hellen, lichten Räumen des bewussten Dich-imSein-Gewahrens. Mit dem Wohllaut Meiner Stärke ganz verbunden, fassest du dich in die Einheit allen Seins zusammen und berührst den Donner des entfesselt offenbaren Geistatoms, das im Zergliedern Licht erzeugt, Glückseligkeit und Wonne wunderbaren Glänzens. So vervielfacht sich das Ich und bleibt doch Eines in der Sphäre immerwährenden Begreifens der Allherrlichkeit des Weiselosen, das in ewig kummerloser Wachheit existiert und sich im seligen Gewahren seiner selbst und seiner Wonne badet, makellos, vollkommen, licht und schön.

4.6

Das seelenvolle Sich-Verstrahlen ist ein Fest des Unabhängig-Seins im Guten und ein Abglanz der All-Liebe, die sich voll Grazie und Zartheit an die aufgeschlossne Wesenswelt verstrahlt. Was sie gewährt, ist in den Sternenglanz geschrieben; was ihrer Seele innigstes Geheimnis offenbart, ist an der Seinsglückseligkeit zu spüren, die sie auslöst im begnadenden Vorübergleiten. Ihres Wunderwirkens Zug ergibt sich aus der Unbeschwertheit ohnegleichen, die ihr innewohnt und die die Fülle des Gerechtseins darstellt in den Sphären. In ihrem all so zärtlichen und liebevollen Rauschen kann der Weltlauf niemals untergehn. Ihr seelenvolles Summen ist ein ewig würdiges Gebet, die Gemüter zu erreichen, zu erweichen, dass sie selbst im Liebelaut der Zärtlichkeit erstehn. Das Lächeln der Unendlichkeit bedeutet denen, die es recht gewahren, die Allgüte in Person, die jedem Fülle spendet, der sie sucht und die den Gang der Dinge ins Entzücken führt des überirdischen Erlebens.

Du atmest das Arom der Stille ein, wo sie sich dir ergeben, und beichtest ihr, was dich im Innersten bewegt in Worten namenloser Zartheit, wie im Schmelz, der sich in deine Stille stiehlt, derweil du der aufs zärtlichste Geliebten das Geständnis deiner Liebe darbringst, als ein Opfer himmlischen Begrüssens auf dem liebevoll geschmückten Lichtaltar. Stille und unendliche Beseligung sind deine Zeugen in der Traulichkeit des Umgangs mit dem Schönen an sich, das da lauschend, strahlend und bewusst dein Wesensbild durchströmt im allerreinsten und beglückensten Umfangen.

4.7

Fällt dich die Sehnsucht nach dem Überird'schen an, so wirst du ohne Zweifel auch mit Glanz und Glorie zu ihm gelangen. Die Niederungen der Vergänglichkeit sind dann vor deinem Seelenblick entschwunden, und gehorsam deinem inneren Befehl erkennst du das Unendliche mit allem seinem Sinngehalt und Strahlen.

Mach auf die Tür, hat mancher schon gesungen und ist doch bass erstaunt, wenn sie sich offensichtlich, majestätisch und erhaben dreht im Aufriss ihrer Angeln, wie in der Beförderung, die deines Weitblicks Munterkeit erfährt. Da hebt ein Staunen an und Schwadronieren vor dem, was sich nun als Wirklichkeit dem Blicke dargeboten. Da ziemt es sich denn, die Methode reinen Hierseins an sich selber zu erproben und dabei Gedanken zu entfalten höherer Ordnung, die der Gebundenheit ans Leibliche nicht unterstehn.

Habt Dank, ihr edlen Geister, darf der Eingeweihte sagen, wenn er das Ergebnis seines Wartens vor sich sieht, denn wahrlich darf es sich vor aller Welt als Wunderwerk an Klugheit, Farbigkeit und Seelenfülle zeigen. Läuterung besond'rer Art darfst du in alledem erfahren, was dich als ins Schweigen eingeboren wie ein Windhauchs Zartheit anrührt und beglückt mit seines Wunderwirkens Einfachheit und Stil. Erwiesen ist der Mut darin, die Dinge unzensiert hinauszusagen, haargenau dem Geistruf folgend, wie des Sinngedichts Gefälligkeit, die er dir schenkt im Offenbaren. So erweist sich als geschickt, was eben Sendung ist aus heiligen Gefilden und Erbauung aus der hellen, liebevollen Geisterschar.

4.8

Einem neuen Morgen der Unendlichkeit geh Ich gestärkt und wohlgemut entgegen. Es lächeln Mir die Musen Wohlgestimmtheit, Wesenstreue und Bewundern zu. Was Ich in dir errichte, ist für Ewigkeiten unantastbar ein Gebilde wahrer Wirklichkeit, an dem die trefflichsten Beschauer ihre Freude, Wohlfahrt und Begeisterung finden.

Du schaffst, und schaffend wirke Ich in dir das Wunder der Vollendung deiner Fähigkeiten, als von Mir gegeben und zum Glanz geführt in weihevollen Stunden des verklärenden Bewusstseins und der Gabe der Verheissung wundervoller Zeiten. Ich trag dich wie ein Blatt im Wirbelwind voran und setz dich sanft im Grünen nieder, wo du dich der Sonnenfeuerkraft ergibst in wachem Weilen, wie in Heiterkeit von eines Gottes Liebelicht und Gnaden.

4.9

So du Bist, bist du dir eine Zierde deines eigenen Empfindens. Unerschöpflich frei im Walten, trägst du dich in Wachheit und Bewusstheit ewig jugendfrisch voran und erlebst dein Sosein als ein Fest der hunderttausend variablen Seinsgelegenheiten.

Wie ein ewiger Frühlingsstimmenmorgen mutet dich das Leben an, mit den Akkorden, die es zieht aus vollem, wohlgestimmtem Instrumente, wie mit allen Quellen, die es rund um sich versprudelt, lustig, licht und tatenfroh. Auf buntbesetzter Szene reicht das Leben selber sich die Hand, um unerhörte Taten und Gefälligkeiten zu vollbringen, menschlicher und göttlicher Bravour.

So kann und muss es immer häufiger erscheinen, dass die Menschen sich in ihrem Tun und Sinngehalt dem Übersinnlichen vermählen, das da Seine Gegenwart bekundet in der Weise des Befruchtens der Gedanken wie des innigen Begeisterns der Gemüter, die sich fraglos dem Unendlichen ergeben. Liebevoll und kühn ist, was sie unternehmen in der reinen Absicht, dem Erhabenen in sich auf freier Bahn zum Durchbruch zu verhelfen und das Eigensinnige zurückzuhalten vor der Majestät der grossen Schöpferkraftgedanken, die sich aus den Sphären edler Geister in die Menschenwesenswelt vertun.

So erheben sich die Werke liebenswerter Grazie wie aus Licht und Seligkeit gesponnen in den Himmel der Gerechten und verkünden Lieblichkeit und Anmut ohnegleichen in berückender Manier. Was in ihnen sich ins Seinsgewoge spricht, ist reines Götterwirken, das sich der empfindungsvollen Seele

offenbart und ihr damit Glückseligkeit im Unver-
gänglichen bereitet. Heiterkeit und Unbeschwertheit
sind ihr immerzu erlesen, wenn sie sich des Seins
bewusst ist in den höchsten Sphären und zugleich im
Leben steht als wache Bürgin der Alltäglichkeit, die
sich gewohnt ist, Situationen zu erfassen und zu
meistern und sie mit bewundernswerter Nonchalance
und Leichte zu bestehn.

So ist Menschenwürde einer höheren dahingegeben,
so erlebt sich Einheit allen Seins in vollen, runden
Zügen.

Bist du dir bewusst, was hier geschieht, so bist du
wohlgeborgen und bekennst dein Wonnesein als
unverletzlich, segenvoll und königlich im andachts-
vollen Seinsbewahren.

4.10

Vom Nebeneinander zum Miteinander stilisieren
sich die Lebensdinge der Getreuen in der Munterkeit
der Menschentage, die vom Göttlichen bewegt und
aufgeladen sind nach Noten. Du würdest staunen,
wenn du lückenlos das Mass erkenntest, in welchem
du liiert Bist mit der Geistwelt, die sich mitten durch
dein Sein bewegt, in Erhabenheit und Harmonie,
Geduld und Grazie und wunderbarer Eintracht im
Gefüge der getragnen Lebenszeiten.

Du führst dich im Ich-Bin-System in Meiner Weise
haargenau auf unerhörter Bahn, Mir zugeeignet und
von Mir begriffen und geschliffen bis ins letzte
Detail, weil Ich Bin der Träger der Gedanken und der
Seiende in dir, dem alle Rechte angehören an dem,
was du naiv als deine willst betrachten. Mich Bist du
im Aufwall der Geschichte, Mich Bin Ich allüberall,

wo sich im Weltall Kräfte regen und Geschäfte sausen hin und wider über geistgesättigte Distanzen und lieberfüllte Nähen in der Seinsgefühle Wogenmeer.

Hab Ich aus Mir selber Mich erhoben, modulier Ich auch die Landschaft Meines Selbstbefindens nach ureigenem Befehl und bestimme als der Wache Wächter, was geschieht, derweil das Menschenheer in Unbewusstheit durcheinanderwirbelt, ohne Meiner Fäden Griff und Glorie zu sehn. Ich Bin, und wer es fassen kann, fasst Mich als wie zu einer Neugeburt zusammen in sein Menschenlos. Er vergisst, was er sich selber war und ist allein von Mir geladen und poliert, errichtet und gestützt, beseelt, begriffen und geliebt als Meine eigene Natur im Mischwert unerhörter Gnaden.

In dir spazieren. So wimme Ich in deinem Weinberg, was Ich Mir zum Reifen aursah. Ich überlege, wo du dich so sicher glaubst in deinem Tastsinn nach noch mehr. Trautheit Bin Ich mit Mir geworden, wo Erkenntnis Mich davor bewahrte, als ein Niemand durch den Tag zu gleiten und im Sandigen Mein Fundament zu sehn.

Eichenfassgelehrter Bin Ich ebenso wie Heiliger der Sphären, die, von Winden der Glückseligkeit beseelt, Mein Herzblut mit Beseligung durchtränken und das Sinngedicht in Meinen Adern sind, an dem Ich Mich aufs allerlieblichste erlabe. Gestillten Hoffens gleite Ich in Wesenskraft dahin, Zwiesprach mit den Meinen haltend in der Gnade der Gottseligkeit und Zärtlichkeit, der sich Mein Sinn im Eins- und Einigsein ergeben.

Ich lausche und es wird, Ich Bin gestillt und schaue, was Ich intonierte, selber an, derweil Ich Meine

Runden niederlege und im reinen Sein Mich selbst bestätige als Das, und weiter nichts, im Unvergleichlichen.

4.11

Steh Ich Mir selber nicht im Wege, öffnet sich Mir eine Perspektive wunderbaren Freiseins, dem sich das Gefühlwahrhaftigen Entzückens zugesellt an Meinem Sein und Weben. Es ist das körperlose Selbstgefühl, das solcher Freiheit sich erfreut und dem die Sorge nicht obliegt für Speis und Trank und Wohnung und Vergnügen. In ewiger Jugendfrische steh Ich vor Mir selber da, bereit die schöpferischen Qualitäten, die Mir eigen, in verschwenderischer Fülle auszuspielen.

Geistig Brachland liegt vor Mir, das Ich beackern kann, wie's immer Mir beliebt, bewundernswerte Keime setzend und ihr Wachstum stimulierend unerhört und ohne noch die Zeit zu zählen. Ich Bin, als das Unendliche das hinter allem steht, gefeit vor allen Minderungen Meines Selbstbefindens und weile so im Ewig-Guten und Erhabenen, das weder Aufsicht nötig hat, noch strömende Belehrung aus den Mündern derer, die sich zum Predigen berufen fühlen.

Natürlichkeit im Umgang mit Mir selbst erhält Mich frisch und wohlgelaunt auf der Palette Meines Existierens. Bedeutungsvolle Zeichen Meines schaffenden Elans setz Ich in lächelnder Bereitschaft vor Mich hin, Beständiges und Grosses zu vollbringen, das sich selber ehrt in seiner Seinskonstanz und seinem Über-sich-Verfügen. Ständig giess Ich Selbstbewusstsein ins berückende Getriebe, das Ich

Mir erschuf. Ununterbrochen halten die Gedanken Meines Auftrags die Geschehnisse im Gang und in unendlich reiner Schwebe, in der sie sich als in Glückseligkeit behaupten und begeistern wollen.

Amen, flüstre Ich ins offne Ohr und gereiche dem zum Heil, der aufnimmt, was Ich meine und daraus den Nutzen zieht, den Ich ihm aus dem Ewigen gewähr.

4.12

Arm und bloss musst du dir selber werden, bis Mein Seinsgedicht dich kleiden kann in Prunk und Glorie des Überirdischen, die dir wohl anstehn in der Lebensliturgie. Doch niemand soll dein Innerstes betrachten ausser Mir, der es erfüllt mit Sein und Leben, mit der Fülle seinsnatürlicher Gedanken, wie mit der Zartheit, Heiterkeit und Trautheit Meines Seelenwebens.

Was Ich dir Bin, ist deines absoluten Freiseins Vision und Gnade, deiner Lauterkeit Idol und ist der Ursprung deines menschengottgefälligen Betragens. Ich Bin dein Stil in allen Fahrten vielbewunderter Bravour im Wettlauf mit der Zeit und mit der schärfsten Konkurrenz, die man sich denken kann im Zahlenschieben. Mach dir nichts vor, will ich dir immerzu bedeuten, denn dein Eigensein ist Illusion von A bis Z, und das will heissen, bis zum Aufblühn der Erkenntnis, dass dein Wesen Meines ist in wunderbarer Eintracht mit dem Sein, das keine Grenzen kennt und kein Behindern seiner überwältigenden Dispositionen. Makellos gefördert wie behütet bist du in Mein Wesensein geschlossen, anerkannt und unterhalten, wie noch das geringste

Federchen in eines Vögleins Kleid und Schöne, was sein Dasein mit der Trefflichkeit des Faszinierenden beglückt und ziert und sich bewährt in sein-vollendetem Erstrahlen.

So Bin Ich im Geringsten gross in deiner Tugendstärke, Bin deiner Unerfahrenheit Ersetzer in der Weltenschlauheit unermessnem Pool. Mein Teil ist das zusammenfügende Agens der Güte, das in allem wirksam ist, was Menschengeist betrifft und was den Wohllaut fördert menschlichen Zusammenseins und Strahlens. Die Güte ist der Keim der Qualität und Wohlbekömmlichkeit des Lebens, der da wachsen will in dir und allen, die das Evolutionenträchtige in ihres Daseins Silberglanz begriffen haben. An ihrem Horizont lass Ich die Morgenrosenwölkchen der Glückseligkeit erscheinen, die Meines Lächelns Zeichen sind und Meines Seiens wunderwirkendes Idol. Vollkommen unbeschwert und heiter wese Ich in Meinem Mich Begründen und wesest du in Mir, sowie das Eins und Einigsein in Meisterschaft und Minne sich vollzogen hat, allweise, liebelicht und schön.

GanzWohlgeraten und Gefälligkeit an Mir Bin Ich in der Beglaubigung des Zeitlichen, das Ich Mir auferlege. Am Rande des Gedankenfeldes wacht der Wächter, der Ich Bin, über jede Unbotmässigkeit, die es beschleichen will in Nacht und Nebel, Schläfrigkeit und kränkelndem Elan. So bleibt die absolute Reinheit, Unbeschwertheit, Grazie und Heiterkeit erhalten, die Meine Stärke sind und Meine Fassung im Juwelenreichtum, den Ich um Mich schare.

Der Wertgewinn bewegt Mich dazu, Meine Hoheit auszuspielen und im Gedankenformen eines Gegenübers Mir ein Bild zu machen von der Majestät, die Mich durchströmt und die Mein Wesens Angel ist und würdiges Beschreiben.

Was Ich Mir Bin, bestimme Ich im grenzenlosen Freiraum, der Mein Eigen ist seit Urbeginn und in der Klarheit des bewussten In-Mir-selber-Auferstehns. Unerschütterlicher Rädelsführer Meiner Siegestaten Bin Ich ebenso wie die Gestalterin der guten Sitten, die sich voll Edelmut und Feinheit in die Wekenzeit erheben. Ich verwirkliche, was in Mir liegt in grandios gefächerten Bezügen und schaffe Mir ein Myriadenheer von Hilfsbereiten, die in ihrem Fach und Feingefühl Mein forschendes Gewissen sind und lebenspendendes Idol. Mit Mir verzahnt sind all die seinsbewegten Wesen im grandiosen Räderwerk, des treibendes Gefälle, Mark und Blut Ich Mir in steter Blüte Bin und nie versiegendem Gedeihen.

So wie des Aronstabs Befehl der Wasserstrahl entspringt, entspringen Mir die lieblichsten Gestaltungen, die man sich denken kann in der Allweite Meines Wirkens. Bei Licht besehn erreiche Ich Mein höchstes Können in den mmikrimsten Niederungen und Verkleinerungen Meiner selbst, in denen makrokosmisches Bewusstsein sich erfährt in unermesslichem Zusammenbinden.

So gewinne Ich das Mehrere von dem, was Ich verspiele, und verlasse Mich auf das, was höher ist als Glück und Glorie in Mir. Denn die sich selbst erkraftenden Gedankenstösse sind, die Fülle zu gebären, in sich selber Wert und Adel, Wirklichkeit und Strategie und sind sich Instrument und Zupfer zugleich, Partitur und Interpret des allsymphonischen Gewitters, das Ich inszeniere als ein feierliches Ritual.

Wem die Fülle ist gegeben, steht das Ruhn am besten an im unwahrscheinlichen Gewährenlassen und in einem Schweigen voll bezaubernder Gelassenheit und Würde, die sich ins Allweite schmiegen. Glanz, Glückseligkeit und Güte sind des Weiselosen Ziel in ewiger Beschaulichkeit und in der Regelmässigkeit des liebelächelnden In-sich-Beruhns.

Nur, was Ich beschreibe, ist auch wahr, weil das Unterstellte das Allwesen nicht im rechten Winkel sehen mag. Ich Bin das Einzige, was wirklich zählt im Universum der erhabenen Gedanken, die Ich pflege. Ehrfurcht vor Mir selbe; liebevoll und sanft und seelen-innig, trägt Mich leis in Lauterkeit voran und überträgt sich auf die treuen Seinsbewahrer Meines Schattenwurfs im Siegen. Vielversponnen, liebgewonnen ist das genial Bedürftige im Vaterhaus und in der Absicht Meiner Züge im gelassnen Weltenstrom.

Unendliche Gelehrsamkeit verbreitet sich von Mir in die Gemeinschaft aller Heiligen und Heilen, deren Geistesfülle Ich begründe und entzünde, meisterlich und makellos in hochgesegneter Manier.

Mir selbst entrückt, erfahre Ich Mein Sein in nie versiegender Bewusstseinsklare, wie in der Heiterkeit der Sphären, in filigraner Weisheit, Güte und Gerechtigkeit am Leben. Liebeskraft im Allumfangen weist den Sternen ihre Bahn, in die Ich Mich mit Vehemenz gegossen. Sendung über Sendung mal Ich auf die Stirnen der Gerechten

Meiner Abkunft und lass sie Mich bestätigen in der Friedefertigkeit und Milde ihrer Taten.

So lass Ich's gut sein und beschliesse, was Ich Bin, mit namenloser Grazie des Weilens im gesegneten Allhier.

Antwort Bin Ich Mir auf alle Rätselfragen, die Mein Sein betreffen, denn was Ich selber Bin, muss auch sich selber kennen, bis ins Mark der Dinge, die ihm eigen. Nun fügt es sich, dass ein Gewinn entsteht, indem Ich Mich an Welt und All verliere, denn aus Gedankenfülle und Bewusstsein baut sich neue Fülle auf in einem Wachstum ohnegleichen, das bestimmend ist und prägend für den Lauf der glitzernden Äonen.

Solcher Art ist Meines Wirkens Melodie, dass alles Fuge wird im Hochgesang der Welten und jede Note auf die nächste sich bezieht in der Geburt der Freudensymphonie, die Ich Mir intoniere.

4.13

Wenn du Gast bist, hast du Anstandsregeln zu beachten, als von Mir gegeben und gerügt, wenn sie nicht eingehalten werden. Du gewinnst die Achtung Meines majestätischen Gewahrens, wenn dein Sein untadelig der Fährte folgt, die Ich ihm hinterlege. Denn es geht nicht an, zu sein und die daraus erwachsnen Konsequenzen nicht zu tragen.

Mein Wille ist dein starker Partner auf der Siegesfahrt durch Zeiten und Äonen. Er gewährt dir Schutz und Augenmass für ein symmetrisch Werken hier und dort, im Zeitlichen und Ewigen zugleich auf Meinen virulenten Spuren.

Denn siehe, die Geschichte setzt sich nur aus Meinem Stoff zusammen. Meine Kräfte des allherrlichen Genesens wirken, wenn die deinen ruhn. Hast du Mich recht lieb gewonnen, Bin Ich dein Gespiel in allen Lebenslagen und gehör in dir Mir selber an, als Quintessenz des Guten und Vollendeten Gehabens. Weiter hast du nicht zu gehn, als in Meines Gartens Gleichmut und Geschick, Rundung, Farbigkeit und Reichtum reiner Schöne. In Ehrfurcht und Entzücken zirkelst du Mich ein und leistest in Bewunderung den fälligen Tribut, der sich gebührt beim Eintritt in das Wunderbare Meiner Sphären. Locker und gelöst von allen Banden, lässest du dich bei Mir nieder und verzeihst dem Schicksal all-sogleich, das dich Mir zugeführt und das dich wie das Eselein Mir zugeschlagen.

Ja, nun Bin Ich dir das Siegel des wahrhaftigen Lebens in unendlicher Konstanz und Köstlichkeit des Flutens. Im Brauchtum immerwährenden Gestaltens, Ziselierens und Erinnerns trägst du deine Würde vor die Welt und vor den Bund der ewigen Augen, die dich im Getriebe walten sehn.

4.14

Höchst erstrebenswert sind Seinsgedanken, die Meine Gegenwart bezeugen ohne jeden Zweifel im Allhier. Sie bestimmen deine Lage in den menschenweltlichen Gefilden und erproben sich an deiner Art, die Lebensdinge zu verwalten. Bin Ich deines Seins Gestalten, trag Ich deine Bürde in der Zeit voran und schule dich im zuversichtlichen Ertragen aller Widerwärtigkeiten, die Hand in Hand mit deinem Aufstieg mit dir gehn.

4.15

Was geschieht, wenn du dich selber als gar nichts im eigentlichen Sinn betrachtest, dem nicht im Geringsten zusteht, von sich selber zu behaupten, etwas zu erschaffen oder lebensstark halten? Es kommt ein Anderes zum Zuge, das Ich Bin in allen deinen Wesensfunktionen, Äusserungen und Empfindungen, die in sich selber sind im Lebensreichtum und Gewahren.

Bei Licht besehn, Bist du nichts weiter als das raffiniert gestaltete Vehikel Meiner Unternehmungen im Zeitlichen und Ewigen, das Ich Mir zur höchsten Glorie und Wissenschaft erbildet habe. Dich seiend, führ Ich den Gedankenreichtum Meiner Ich-Natur ins überragende Erblühn. Gottherrlichkeit und Liebe spriesst aus allen Weltendingen unaufhörlich Meiner eigenen Verherrlichung entgegen. Du Bist nichts als Das, und Das Bin Ich in solidarischer Bewegtheit und Verbundenheit mit allen Wesen, die da in Mir sind und Meinen Wert und Meine Würde offenbaren,

4.16

Ins Seinsgelass geh lachend wie Ich meine, und vertiefe dich in Es, das aller Wunder Anfang ist und das erstrebenswerte Ende deiner Plagen. Abgekartet ist das Spiel in Meinem Sinn, darfst du dir sagen, wenn du siehst, wie deine Bäume in den Himmel wachsen und die Sehnsuchtsträume sich zur Wahrheit stilisieren. Meiner Seinsgesetze Raunen fällt dich an und hält dich in dem Bann der Schönheit, die sie dir verstrahlen. Nimmst du sie als frank und frei gegeben und als wundervolles Agens deiner Wonne zu, wirst du sie auch befolgen und allzogleich besingen nach der Vielfalt ihrer Züge. Kostbar ist dir manche Stelle aus dem heiligen Koran. Doch unvermittelt wirst du lernen, nichts weiter, als von deinem Inneren zu lernen, wie du dich betragen sollst in allen Lebenssituationen. Meide das Gefasel derer, die nach Ruhm und Ehre schielen und das Blanke mit dem Plagiat der Unverfrorenheit besudeln. Meine Zeichen sind von Lauterkeit ein kräftespendendes Idol und lassen nichts zu wünschen übrig an gehörigem Belehren und bezauberndem Erzählen.

Schliesse nun Mein Buch und sei vor Mir in stillste Stille wie in Watte eingebettet, nichts bedenkend, nichts erwartend und geheimnisvollerweis das Sein gewahrend, das du Bist und das sich als ein Abgrund strahlender Glückseligkeit vor deinem Schauen öffnet und sich deiner Seele leis verströmt in liebevollem Dich-Begnaden.

4.17

Meines eignen Schiffes Galionsfigur Bin Ich, Mir selbst voran und Meinem Durch-die-Weltenmeere-Pflügen. Strahlend vor Begeisterung am Leben betrete Ich allüberall zugleich den Plan und inszeniere eine Schau von kräftestrotzendem Das-Sein-Durchbluten. Dabei erweise Ich Mich noch an jeder Stelle des belebenden Agierens als der Pionier, der dem Geschehn vorangeht als der Erste, Gründlichste, Gewissenhafteste und Weiseste von allen, die sich je getrauten, einer Sache wirkungsvoll voranzuschreiten.

Nun teile Ich die Wasser und die Lande und die Meinungen mit Meinem Kiel des unbedingten Willens, so zu wallen wie Ich will, und allweit hat sich jeder Bürge Meiner strahlenden Doktrin daran zu halten.

Widerstreben taugt nicht viel, denn das Unweise richtet sich von selbst dem Untergang entgegen. Es verdorrt am selbstgeschlagnen Aste und liegt bald leblos haufenweis beisammen, um geflissentlich verbrannt zu werden.

Meine Sinnkraft aber weitet sich bewusst ins Unermessliche der Räume, die Ich generiere, ohne je ein Ende abzusehn. Den Schmelz der Hoffnung lasse Ich in alle Winde Meiner Allpräsenz im Guten fahren, derweil Ich vor der eignen Schaukraft und Betätigung das Fest des immerwährenden Gelingens zelebriere.

O holder Wechsel von dem einen Sinngebiet zum andern, welches ganze Welten liebevoll umfasst und ihnen Vater ist und Wohltat-Reichender in wohlgesetzten Schritten des Entfaltens. Ich sättige und rege an, indem Ich Meine Stosskraft punktgenau an jene Stelle setze, wo sie wunderwirkend ihren Sinn erfüllt und fähig ist, auch noch das Unwahrscheinlichste voll Grazie zu bewegen. Ich staune Mich ob soviel Gunst, Geläufigkeit und Sachgewissen selber an und sonne Mich in dem, was Ich voll Verve und strömendem Elan errungen habe.

Trachte Ich nach Frieden, schmückt Meine Gegenwart den Raum des absoluen Stilleseins, worin Ich Mein Befinden mit Glückseligkeit und Wonne ehre, auserlesner Güte und Gelassenheit und Mich Behüteter der Sphären nenne.

Ich wiege Mich im Sein und in der Offenbarung Meiner Allpräsenz in wunderbarer Harmonie, Holdseligkeit und Lieblichkeit des Weilens. Wachenden Bewusstseins ruhe Ich im Allsinn, der Ich Bin und der sich lächelnd und gelöst ins Lächeln der Unendlichkeit verflutet.

4.18

Bedingungslos reich Ich dir Meine Ich-Natur hinüber in dein Sein und geh dir zu verstehen, dass du in ihr walten kannst und schalten wie du willst in deinen Lebenskapriolen. Es ist ein Grossgeschenk, das Ich dir damit übergebe, denn es befähigt dich Ich Bin zu dir zu sagen und mit diesem Wörtchen als mit einem Zauberschlüssel das Portal zum Ewigen zu erschliessen. Ermannst du dich zu diesem Schritt, gewinnt dein Schauen eine Qualität von wunderbar beglückendem Erspriessen, das dir deines Daseins Gründlichkeit mit staunenswerter Offenheit belegt und deine Ansicht von dir selber wandelt, unaufhaltsam dem Unendlichen entgegen.
Ich Bin darf nur das Allerhöchste zu sich sagen und Ich Bin sagt nun das Allerinnerste zu dir und erweist sich so als das Urgrundbewegende und Seiende an sich, dem weder etwas zuzufügen noch zu nehmen ist, allweit, ewig, wunderbar.

4.19

Ein Gewinn ist's alleweil, im Lernen niemals nachzulassen, weil das Leben sich ohn' Unterlass verändert in der Tiefe seiner Seinsstrukturen, wie im Oberflächlichen, das mit uns durch die Tage rennt und uns dabei so unverschämt betört, dass wir noch viel zu häufig an ihm hängenbleiben.

Ich Bin, und werte auf, was Meiner wert ist, spiele Mich ins lächelnde Begreifen und erreiche spielend das so lang ersehnte Ziel.

Blankes Wissen kann Mir längst nicht alles das besagen, was Ich denn erfahren soll in Meines Seins gewissenhaftem Vorwärtsstreben. Es gehört die Herzensinnigkeit dazu, die Mich im Stillsein würdig macht, die Äusserungen höherer Welten zu vernehmen. Schon die Gewahrnis ihres Daseins ist beglückend schön, und erst noch ihrem Zauber Mich ergeben, bringt die Fülle der Glückseligkeit in Mein Empfinden. So gewährt sich das Erhabene, was ihm gebührt, in Seinen Sphären und gewährt sich selbst das Unaussprechliche, das in den Menschenseelen ruht zu immerwährendem Genügen.

4.20

Ich Bin das Seinsvollkommene Gewissen Meiner selbst, der Christus in der Welten Schoss, dem es obliegt, ein heilendes Gewitter in das Weltenall zu giessen. Nicht prüde Bin Ich, wenn es darum geht, der Herzensliebe einen Weg zu bahnen quer durch alles Sein im kosmischen Gefüge. Ich stürze Meines Wesens makellose Gegenwart ins Weltgeschehn, um seinen Lauf als Richtungweisender dem Gottesziele zuzuführen. Noch so viele üble Mächte und Gewalten mögen Mich verfolgen und Mein Werk besudeln wollen, Ich Bin der reine Wohlverstand in Meinem Mich-Behüten, wie im Verstrahlen Meines Edelmuts und Meiner unbesieglichen Potenz in alle Winkel des galaktisch grandiosen Sternverkreises.

Nicht vor dem Stich der Lanze scheue ich zurück, um Menschenwürde, Seinsgeschwisterschaft und Treue zum Allherrlichen ins kreisende Planetentum zu induzieren. Mein ist die Herrschaft, wo Ich Bin der Auserwählte in den Sphären, der Erhabene im Geistgewühl und der Gekrönte und Bewunderte im himmelslichten Dom der Weisheit und der Herzensgüte, von deren Wohllaut sich die Myriaden angezogen fühlen.

Ich will, und eine Woge warmen Mitgefühls durchwallt den Äther und verbindet das Getrennte zur harmonischen Gemeinde guter Geister, die in Wohlgesinntheit liebevoll und zärtlich sich umschweben und im Herzenshalleluja das Lob der Seinsglückseligkeit verkünden, die ihr Ein und Alles ist im Wunderbaren, dem sie sich gewidmet haben. In Wesensfreiheit, Seinsbegeisterung und Reinheit wallen sie durchs lichterfüllte Ewige dahin, im Heil der Trautheit und Gottseligkeit, der sie dahingegeben. Ich aber sammle Meiner Schäflein Heer, besorgt darum, dass keins verlorengehe im Unwirklichen und dass ihr friedevolles Grasen Frieden zeitigt und vollendetes Gerechtsein an dem grossen Werk, das Ich im All der Gegenwart getan und das im Akt des Dienens sich verneigt vor allem Sein und vor der überwältigenden Würde, die ihm eigen.

4.21

Begeisterung am Sein ist Mir gegeben in der Pracht des Augenblicks, die sich entzündet am natürlichen Gewoge.

Die in Hoheit schwingenden Gedanken drängen sich ins Wort und offenbaren sich in einer Welt der Fassungslosigkeit am Sein, das sie durchwallt, beherrscht, begütet und zutiefst belebt. Ich Bin Es, erklärt das Weltenherz und pocht mit überwältigender Seinsgebärde an dein Weltgewissen, dass du ihm dich öffnen sollst zu einem Dialog von namenlos bewegender und süsser Hin- und Widerrede.

Dein Schweigen schafft ihm Raum, sich in dir wunderbarerweise zu verbreiten und aller Weisheit Born als schöpferische Qualität in dich zu leiten. Damit wird dir aufgetragen, in des Weltenschaffens Heer zu treten und dein Scherflein beizutragen zum gewaltigsten der Werke, das da Ist und seinen Ruhm verbreitet himmelweit und seelentief in märchenhaftem Glanz und unerschöpflich fabelhaftem Weiterklingen.

Was Mich ehrt, ehrt dich im Einssein aller Seinsgegebenheiten und hebt dich aus der Lethargie der Tage ins Bewusstsein deiner Herrlichkeit im weltenschaffenden System.

So tief Ich sinke, so erhaben find Ich Mich im Seinsgewissen, das aller Werte Anfang ist und 0 und das in wohlerwogner Harmonie sein Glück begründet, friedevoll und wahr.

4.22

Ins reine Sein zurückgezogen, atmet Mein Bewusstsein das Arom unendlicher Glückseligkeit in Unbeschwertheit, Losgelöstheit, Heiterkeit und namenlosem Frieden,

Der Faden zur Allgüte ist gesponnen, die versteht, wo sich so viele selber nicht verstehen. Die Trautheit mit dem himmlischen Azur ist offensichtlich in der Seele seinsbewegtem Rauschen. Immense Weiten öffnen sich dem strahlenden Bewusstsein, das sie mählich füllt mit lächelndem Beseelen. So findet die Geschichte seines Ausgehns ihr Vollenden im Verinnerlichen einer Wachheit ohnegleichen, die sich leis von Lebensliebe und erbarmender Gerechtigkeit erzählt.

4.23

Deine Herzensstimme spricht: Ich schau dich an und atme deines Wesens Wackerkeit und Güte, dich segnend auf den Stufen deines tatenträchtigen Verwaltens Meiner Güter. Du Bist, weil Ich dich zeuge im Gedankenfluten. Ich Bin ganz ohne Meine Macht zu zählen. Ich weiss Mich sicher, farbig und entschieden auf Meinem Throne sitzend. Dialogbeflissen tret Ich ins Erscheinen und bewahre dich davor, dem Eigendünkel zu verfallen.

4.24

Wo Schönheit ist des Seins, da lass dich nieder und übergeb dich dem Holdseligen, das dich voll Zärtlichkeit umströmt und darin dein Glückseligsein begründet. Sein Gebot ist Liebe, Lieblichkeit und liebenswürdiges Verstrahlen.

4.25

Im Vorhof zur Unendlichkeit erhebt sich eine Stimme, sprechend also: Sei dir selbst das Höchste von dem, was da kreucht und fleucht auf Erden und errichte einen Lebensbaum aus einer Fülle lebenswerter Gnaden.

4.26

Ebenmass des Seins ist Mir gegeben allezeit, so dass Mein Handeln sich in Anmut, Wohlerwogenheit und Grazie vollzieht. Was Ich Mir zur Bewältigung auserlesen, trägt von Anfang an das Siegel des vollendeten Gelingens und atmet Zeitenlosigkeit und Frische durch die volle Dauer seines gütestrahlenden Bestehns.

Wo Ich handle, tritt die weise Vorsicht seinsgewiss zutage, die keinen Schritt vergisst im Ablauf des Geschehns, so dass weder Hast noch Schlendrian sich ungeniert in Szene setzen können. Ich schaue, traue Meiner Kraft und siege unfehlbar im Sinn der Lebensqualität wie auch des guten Beispiels in der Folge Meiner Gottestaten.

Die verschiedenartigen Gemüter lehr Ich, sich in ihren Argumenten bestens zu verstehn. Denn nichts ist destruktiver als das eigensinnige Behaupten und die Dummheit noch dazu.

Mein verstehendes Gewissen ist gepaart mit liebestrahlendem Gedulden gegenüber Unvernunft und rabiatem Blankes-Gegenteil-Behaupten. Diese Haltung fördert das Gewinnen nach Gesetzlichkeit und schöpferischer Phantasie, so dass Meine Werke ohne jeglichen Verzug in Schönheit, Milde und Gelöstheit dastehn, dem Bewältiger zu Ehren.

So ist, was sein soll, stets von Mir in Lauterkeit, Geschmeidigkeit und Eleganz zum Ziel getragen. Das Grösste aber ist Mein Unsichtbar-dahinter-Stehn, so dass das Vordergründige im Wahn sich selbst bejubelt und nicht müde wird, sich auf sein Können etwas einzubilden. Darob huscht ein feines Lächeln über Meine Züge und des Gewährenlassens Friedefertigkeit erfüllt Mein Sein in vollen Zügen.

Wahrhaftigen Beglücktseins Rosenspur geleitet Mich zum Ruhn in ewiger Heiterkeit, erinnernder Beschaulichkeit und seeleninnigem Frieden.

In Stufen führt ein Weg hinauf, hinunter zum und vom Elysium. Es ist die Himmelsleiter, die die Menschen so verehren, weil sie ihrer Sehnsucht nach dem Seligsein entgegenkommt in höchsten Sphären, wo das Ewige sie umfächelt und die Engel sie umschweben in Natürlichkeit und Grazie wunderbar.

All das ist dem kein Traum, der sein Bewusstsein ins Allweite schicken kann, wo es sich in Mir findet, als dem Absoluten, Liebestrahlenden und heilen Unergründlichen, das aller Wege Weg ist, aller Taten Tat und aller Sinne Sinn in der Entfaltung Seines allerfüllenden und hocherhabnen Wesens.

Es sprich aus Mir genauso, wie Es aus dir spricht, nur, dass Ich darum weiss in freudestrahlender Bewusstseinsklare und Begeisterung am Sein und Leben, die in makelloser Einfalt von dem Ewigen, das Mich beseelt, beredtes Zeugnis geben.

Wer kann ermessen, wieviel Schönheit im Erkennen liegt, dass jeder Seinsgedanke absoluten Freiseins sich erfreut und ohne jegliches Behindern der Verwirklichung entgegen-schwingt in Kraft und Poesie, in Lauterkeit und Unbeschwertheit ohnegleichen. Was ist die wahre Liebe, wenn nicht Heiterkeit und Seelenseligkeit des Sich-Ver-schenkens aus der Herzensfreie und dem wunder-barstem Seinsgefühl, das man sich denken kann und das Ich Bin, gesegneten Gewissens und geläuterten Bewusstseins in der Liebestat.

Einer ganzen Menschenwelt voran gehn die Befreiten aus der Not der Tage, weil sie in Mir sind in Einigkeit, Glückseligkeit und Unerschütterlichem Frieden. Ihres Daseins Gärten sind von himmlischer Natur, derweil sie auf der Erde wandeln als die grossen Unbekannten, die man nicht beachtet, weil sie voll Demut einem Liebeswerke dienen göttlicher Dimension.

Ja, alle, alle sind berufen, doch die wenigsten erwählt, ins Sein zu steigen auf der Himmelsleiter, weil der Tritte all so viele sind und weil den Vielen schwindlig wird in solchen Höhn. Entscheide dich, du wirst es nie bereuen, und dann wandre ohne Zögern, Rast und Ruh mit freudevollem Herzen, wachem Sinn und voll Begeisterung dem wonnevollen Ziele zu.

4.27

Der Gottesfreundlichkeit verfallen, Bist Du voll Erwartens eines Zeichens, das dir Ausserordentliches angedeihen lässt in fein dosierten Zügen. Dein intensiv gehaltnes Schweigen wird belohnt mit einem Reichtum inneren Sagens ohnegleichen, der Freude über Freude auslöst in des Herzens stiller Liturgie.

Als ein Berufener erfährst du dich mit der erhabnen Wissenschaft bedacht, dass du, als Wesen der Unendlichkeit, einhergehst mitten im Gewühl der brausenden Geschäfte und Gelegenheiten zur Zerstreuung deiner Ich-Natur. Du Bist, in eins erhoben, aller Mannigfaltigkeit entrückt und siehst dich in dem Wunder wahren Seins im Lichte der glückseligen Wachheit, Harmonie und Zuversichtlichkeit im meisterlich gefächerten Äonenschreiten.

Nun ist es wahr, dass alle Fülle der Allherrlichkeit und Schöpferweisheit deiner wartet, um ergriffen, moduliert und dargelegt zu werden vor der Welt der staunenden Gemüter und bewundernden Beschauer der Gegebenheiten. Dir lacht das Herz im Leibe, derweil du, wie von Geisterhand geschrieben, das erklärst, was in dir aufblüht als ein Segen der erkennenden Gewähr, wie als melodisch hin und her gezognes Wortverspielen.

Leichte Beute wird dir, was so schwer scheint, zu erringen, liebevolle Selbstverständlichkeit erfüllt dich im Bewusstsein deiner Gnaden. Was dich fördert, fördert die Begeisterung an deinem Dich-im-Sein-Gewahren und belebt das bühnenreife Wortspiel, dem du dich ergeben. Alles, was du tust, erweist sich als vom Sein getan und von ihm weiter bis ans Ende dieser Welt zur nächsten hingetragen. Herzensdankbarkeit und Minne dienen solchem Vorrecht und beflügeln, was so schön begann, zu neuen, federleichten Kapriolen.

4.28

Jede Nacht im Sein darf Ich Mich fühlen, als Wesen der Barmherzigkeit des Himmels, wie der himmlischen löstheit ohnegleichen. Es erhellt sich der Bewusstseinstag zu einem sonnenstrahlenden, in reines Glück getauchtes Raumgefühl, an dessen Köstlichkeit Ich Mich zutiefst erlabe. Das Unaussprechliche spricht sich in warmen, vollen Tönen aus dem Herzen und belegt damit sein Dasein als von höherem Rang und Einsehn als das Meine, so dass Ich Mich Ihm unterwerfe und zugleich das Identischsein-mit-Ihm in wunderbarer Wesensruh erfahre.

Im Elysium der Einheit allen Seins erklärt sich Mir die Wirklichkeit des Lebens als in sich geschlossne kosmische Bewusstheit, die um alles weiss, was Ist in ihrem unermessnen Schosse und an deren schwingender Präsenz die Myriaden guter Geister innig sich erbauen.

Allumfangenden Gewissens schliessen sie das Sternspiel in sich ein, von sagenhaftem Glück durchströmt, das ihnen solche Einsicht liebevoll zu Füssen legt. Bewahrer sind sie dessen, was nie untergeht und was ihr Sein begründet als von ewig heiterem Bestand im Unergründlichen. Schicksalhaft und schicksalsfroh zugleich bewahren sie ihr liebestrahlendes Geheimnis als das grösste Kleinod im Tabernakel ihres Mitteseins wie auch in der Unendlichkeit der Sphären, in deren Fülle sie in hochbegeisterndem Erkennnen sind, so dass sie keiner noch so unscheinbarer Wünsche mehr bedürfen.

Glückseligkeit erlauschend, singen sie dem Sein ihr Halleluja und ihre Dankbarkeit entgegen. Im ewigen Lichte weilend, fühlen sie sich wunderbar vom göttlichen Arom umfangen, das die Weiten nährt und heiligt, stillt und liebevoll belebt. Ich Bin, darf sich das Seelenvolle ohne Unterlass besagen in hold-seliger Gewissheit, wie in namenlosem Staunen über so viel Sinnkraft und Beleben, Wahrhaftigkeit und Tugend, Blühn und Duften in gelöster Selbst-verständlichkeit und darf die Grazie des Himmels

meisterlich vollenden, wo die Seinsgesegneten in würdevoller Anmut hin und wider gehn.
So sei's, so ist's und wird es für die, die es schauen, immer bleiben, hochbeglückend, liebevoll und wahr.

4.29

Warten, erwarten, sein und schweigen. Gedankenleere, traut und schön. Das Geständnis Meiner selbst hebt an, aus Sein und Offenheit geboren. Zum Sinngedicht will werden, was sich selbst empfängt in Mir. Verwandlung leiste Ich vom Bild zum Wort, vom Lauschen ins Bewahren eines superflüchtigen Gedankens, der wie's Wiesel flieht dahin.

Da seh Ich Mich ins Sein erhoben, wohlvertraut und wahr und seh Mich in Gesetzen der Allherrlichkeit in einem wunderwirkenden System von Geistgebilden, die Mir sagen, was Ich soll, und Meinen Sinn am Gängelband zum Ziel geleiten.

Hochgeschwungen, mitgesungen in dem Halleluja der Welten, eingefühlt, lichterfüllt unter freudevollen Himmelszelten. Melodisches Entzücken streift durch die Gemüter, die in Andacht und Ergriffenheit im Sein verweilen. Des Elysiums Arom verbreitet sich in ihnen und erlabt sie für den freudevollen Tag. Kostbarkeit des Wachseins in Gedankenlosigkeit und Ruh, bedeutungsvolles Schweigen in Merkwürdigkeit und wohlbekömmlichem Erwarten trauter Inovationen. Der Drang zum Absoluten wird gestillt durch eine Schau von Friedefertigkeit, Bewusstseinsgrösse und Gestilltheit ohnegleichen, die dem offenen Gemüt Gevatter stehn und es beglücken, wunderbar.

Liebelichter Wohlverstand gesellt sich zum berückend Graziösen, das den Sinn umschmeichelt und ihm liebevolle Wärme spendet und Geborgenheit an sich im Unvergleichlichen.

Maya ist, was wirklich scheint und ohne es zu sein in deinen Wundern. Ich gemahne dich ans Seinsprofil, an dem entlang du absoluten Gleitens durch die Geistäonen ziehst, um dich in ihrem Glanze zu verlieren und zu finden als Mein seiendes Gepräge und Geläut im Alldom Meines Wirkens, wie im ewig unbescholtenen Verweilen in Glückseligkeit, Erfüllung und erfühlter Näh'.

4.30

Erkennst du dich, erkennst du Mich in deinen Wesensgründen. Die lautre Schönheit Bin Ich, auserwählt und dargestellt im Garten der vollendeten Holdseligkeit und Liebenswürdigkeit, der Mir zu eigen. Das Unbescholtene und Ruhig-Atmende ins rechte Licht zu setzen, ist Mein Los und Meine Stärke. Denn der Menschen Wandel neigt dazu, sich in der Unrast viel bewegter Tage zu verlieren und das Bild der frommen Heiterkeit in ihrem Herzen nimmermehr zu sehn.

Mir ist schon jeder leise Hauch zu viel, wenn Ich Mich ganz im Weiselosen fühle und die Lande und Begriffe um Mich her verblassen, währenddem das Eine strahlend vor Mir steht, das Ich Mir Bin im Wesen der Unendlichkeit und reinen Unbeschwert-heit, das sich selber ehrt, indem es über allem Ist, was Rang und Namen hat in wunderbarer Dichte des Erlebens. Elysische Gelöstheit ist Mir eigen im Bewusstsein Meiner Allpräsenz im Guten, wie in der

Grazie Meines Auferstehns ins makellose Sein, dem nichts mehr anhängt und das in vollendeter Genügsamkeit sich selbst behütet und in schwebender Glückseligkeit bewahrt.

Nichts erwartend lass Ich das Arom unnennbaren süssen Schweigens Mich durchströmen und beschaue Mich in zeitenloser Abergründigkeit im Spiegel Meiner Ruh, gestillt und voller Güte.

Sammetweiche Sanftmut lässt Mein Sein als etwas wunderbar Gediegenes erscheinen, dem nichts fehlt in seiner Fülle und Gelassenheit und das so wirtlich, wonnevoll und heiter, seelenvoll und weise Mich bewegt, dass Meine Seinsgefühle singen vor Begeisterung und Anmut des Erlebens.

Hochgemutheit ohnegleichen will sich liebevoll aus Mir verbreiten und Licht und Leichtigkeit verstrahlen ins Geschehn. Es ist die eine, unermesslich reine Geistessonne, die sich übern Horizont der Ewigkeit erhebt und strahlt und strahlt in unerhört erfüllenden und seinsbeglückenden Dimensionen.

Ich Bin in ihr geborgen und gestählt, gestillt und auserlesen als zum Fest der Seinsgeselligkeit mit allem, was so selbstbewusst durch Meine Abergründe flutet. Ungesehn, in meisterlich getragener Bescheidenheit verweile Ich im Wunderbaren und bedeute Mir das einzige Bedeutungsvolle in der Niederkunft der Sphären.

4.31

Ganz natürlich, Gottes Überschauen eine feste Burg zu nennen. Denn wo immer Er erkannt wird, wird Er allsogleich zum Fundament der ungezählten Sicherheiten, die von Kraft und Würde strotzen in der

Lebensstrategie. Wie Bin Ich doch gefeit vor aller Unruh in des Vaters siebenfachem Mich-Umkreisen, wie von Himmelstrost begütet in den Reichen Seiner Gunst, die Meine Heimstatt sind geworden.

Ohne jeden Zweifel sieht sich der dem Sein gerecht Gewordene in wacher Andacht wohl geborgen im Bewusstsein des Unendlichen, das ihn beseligt. Noch jede Herzensregung wird ihm wie zu jauchzender Glückseligkeit am wundervollen Zustand, den er feiert, ohne jeden Zögerns Ritual. Freie, sonnlichtstrahlende und makellose Tiefen sind das Medium für Meinen Aufenthalt in seliger Poesie des Daseins ohnegleichen, das allen Ruhm begründet der Vollkommenheit und Fülle, Grazie des Augenblicks und Glorie des Weilens, deren Ich Mich rühme. Mein Gesetz ist die Gediegenheit des Handelns, die aus der Befriedung und Umfriedung strömt, in der Ich Mich befinde. Seinsgewissheit trägt Mich wie auf Adlerschwingen in der Zeit voran. Sohnesqualität bereitet Mir die Sphäre des Alleinen, der Ich in Lauterkeit und Heiterkeit des Ewigen entspringe. Durchaus gefeit vor jeder noch so heimlich aufgesetzten Drangsal, überwalte Ich Mein Dasein als in sich gefestigt und bewahrt, glückselig und der allerreinsten Herzenswonne hingegeben. Ich bewundere Mein Ausgehn aus Mir selber, wie man den glühend roten Aufstieg des verehrten Taggestirns bewundert aus dem spiegelglatten Meer der träumenden Unendlichkeit. Gesegnet ist Mein Steigen und gerundet Meiner Angelegenheiten Fülle, die Ich im Weistum Meiner Kompetenz aufs trefflichste vertrete.

In vollendeter Magie, nicht einmal, hunderttausend Mal bezeuge Ich Mein Eingeflammt-und-Eingeschlossensein von lautrer Liebe des Allhöchsten, deren Wärme Mich befähigt, Güte auszustrahlen und noch jedem gut zu sein, der Meines Weges kommt im allertäglichsten Begegnen. Ich lächle, und des Wesens Seelenvolles lächelt mit in Seinsgelöstheit und unendlichem Gesunden, das den Augenblick des Auferstehns der Wahrheit hell durchstrahlt. So und niemals anders kenn Ich Mich in Meinem absoluten Treusein gegenüber Meinen Treuen und in Meiner Hoffnung auf ein aller-wunderbarstes Auferstehn.

Sphäre der unendlichen Beweglichkeit

5.1

Sakrosankt in Meiner Sphäre der unendlichen Beweglichkeit, muss Ich nicht rechten um den Sieg und den Pokal in hocherhobnen Händen. Denn er ist schon Mein am Alpha jeden Rennens in der Weltenzeitenuhr. Mein Überschwang an Kraft und Witz in jeder Disziplin erlaubt Mir, das Erstaunliche zu prophezeien, dass Ich dem Podest geweiht Bin und dem Lorbeerkranz an jeder Stelle wütender Geschäftigkeit und atemlosen Reckens auf der Zielgeraden.

Winzig klein die Skala Meiner artigen Begehrlichkeiten, weil Mir wahrhaft nichts mehr zu begehren übrig bleibt in Meiner Wertefülle, Meinem Glanz und unerreichten Nimbus, der Mein Sein umwallt, beschützend und gebieterisch zugleich, als Warnung an die Vielen, die nach einer Prise Beifall streben.

Schützen ist das schönste Meiner ungezählten Ziele, das Ich mit spontaner Herzlichkeit und wunderbarer Seinsgeselligkeit verfolge, um des allgemeinen Wachsens willen, das da durch die Lande, Sphären und Erhobenheiten strahlende Triumphe feiert, als von Mir beschlossen und gebürend bis zum letzten Detail inszeniert.

Rumlos und vom Volk geschändet steh Ich dann abseits und bereite Mir den Wohllaut warm gefühlten Schweigens in allherrlichen Gefilden Meiner selbst, das Makellose hütend, wie die Inbrunst der Beseelung, deren Flamme in olympischer Beständigkeit Mein Sein durchleuchtet und durchwebt.

5.2

Heilig, heilig, heilig Bin Ich Mir in aller Welten gläubigem Bekennen Meiner allerhobnen Glorie und galanten Trautheit mit den Meinen. Abgeschieden in die Sonnenleuchtkraft, seinspräsent im Allgefüge, Bin Ich Mir leichtfüssiger Vermittler glorioser Gnaden und Begünstigungen allgemeinen Stils in der Wirkkraft lieb durchschimmerten Verstrahlens. Merkantil und zugleich schnörkellos in Mich gekehrt ist Mein Gewissen. Sternenbrünstig, raumverschwiegen, liebestraut und wahr sind Meine Triebe, wohin immer Ich sie sende und verlockend glühen lasse im Bewusstsein Meiner Anmut, Heldenhaftigkeit und Virulenz im abergrandiosen Machtverteilen.

Feinheit ohnegleichen leg Ich ins Gewahren der Vertrauten Meiner Züge und begleite sie im unnachahmlichen Entzücken ihres Seelenschleierwallens in den Sphären ewiger Heiterkeit und Ruh.

5.3

Alle Weiten gleiten mit unendlich sanftem Vor-sich-selber-sich-Verneigen in das sphärische Vollenden ihrer Seinsstruktur. Unendlich liebevollen Sich-Verwölbens, bergen Meine Welten Myriaden Keime, Lebenshoffnungen und Offenbarungen der Sehnsucht nach dem Sein in wunderbarer Qualität des Sich-Veräusserns wie des Pulsierens in bewundernswerter Grazie und Harmonie. Ich verwoge Mich und woge jedem aufmerksamem Blicke Eleganz und reizende Natürlichkeit entgegen. Herzlichkeit und lächelndes Bescheiden sind Mir inne, ebenso wie unerbittliches Durch-die-Äonen-Streben mit dem

Ziel, Vollendung auf Vollendung zu erzielen in den Meisterwerken Meiner Kür.

So gleite Ich durchs Ewige dahin, Mir selber ewige Wonne und Begeisterung am Sein, die Ich in nie verebbender Glückseligkeit gewähren lasse, sich verduftend, allweit, liebelicht und schön.

5.4

Vom Unmittelbaren zum Mittelbaren läuft eine strikte Spur hinüber und herüber, die zwei Welteninseln so verbindet, dass sie schliesslich nur noch eine sind in fabelhafter Nachbarschaft und sinngeladnem Sich-Berühren.

Vorwärts gleiten die Gewässer unbekümmert um den Ursprung und das Meer, zu dem sie fliessend ihre Bahnen treiben. So des Menschen Bild und Bodenständigkeit, die nur sich selbst erfährt in ihrem Druck und Drängen, feierlich den Lauf benennen, den die Dinge nehmen sollen nach des Tatendrangs Gespür.

Ich erkenne Mich als eingesetzt und ausgehalten, als geduldet und gerädert in der Gleichmut Meiner Spur. Voll Anmut weise Ich auf die bedeutenden Erfolge hin, die Ich für Mich im Seinsgeschäft errungen habe, und bewahre dann des Schweigens Wachsein, das Mein Selbstbefinden stärkt und auch der Freundlichkeit Mir selber gegenüber neuen Schwung verleiht in extraordinären Massen.

So ist gewollt und auch getan, was freudestrahlend in Mir liegt, als Sehnsucht nach Erfüllung und bewundernswerter Dienstbarkeit am Leben.

Ich merke Mir das Kritische und kritiere nur Mich selbst in Meinem Drängen nach vollendeten

Strukturen, wie dem tätigen Behaupten Meiner Eigenart im Goldhauch des Gerechtseins, wie des liebevollen Strömens reiner Güte in das Seelenvolle, das die Wesen an sich tragen.

Ohne Kummer komm ins Kummerlose, sag Ich dir und übergeb dein Schicksal Meinem Rat im Wunderbaren, das Ich präsidiere. Weide dich am Glück, das dich von Mir beseelt und wirkungsvoll umflutet in dem Strahlenbunde, den Ich allweit in die Raumesweiten sä'. Fürchte dich vor Mir und begeistre dich zugleich an Meiner Weise, alles zu befördern, was da kreucht und fleucht und Mein ist in der Innigkeit des Selbsterfahrens. Reise mit Mir durch die Sphären der Unendlichkeit und meistere das Grauen vor dem Abgrund, der sich dir eröffnet, wenn du Mich in deiner Enge siehst und Meiner Glorie Vertrauen sollst in dir.

Komm an Mein Herz der rauschenden Glückseligkeiten, und bewahre, was du Bist im Trost und in der namenlosen Traulichkeit, die Ich dir im Gestilksein und Geborgensein bereite. Ahne und empfange, was du Bist und reiche dir den Reichtum reiner Fülle selbst hinüber in dein Sein von unermesslich liebelichten Gnaden.

5.5

Im kosmischen Umfangen ruht Mein Dasein wonnevoll und wahr. Das All der Sterne seh Ich in Mich einbezogen; von ihrer Kraft des Leuchtens Bin Ich ganz durchstrahlt und zähle Mich zum Kreis der Seinserhabenen, die völlig eins mit dem Unendlichen in Seinen aberweiten Fittichen aufs zärtlichste und wohlbekömmlichste die Heimat finden.

Wie darf Ich doch als Sein vom Sein die Grazie der Unermesslichkeit erfahren, vollkommen aufgelöst und hingebettet in ihr seligmachend sanftes Wesen. Wie tragen sich Mir in Bewusstseinsklare und elysischer Vollendung aller Welten Geistgepränge an, die von Makellosigkeit und lichtdurchflutetem Belebtsein strahlen.

Eins mit allem Bin Ich Mir das A und 0 der Dinge Meiner allerschaffenden Gedankenfülle, Bin in Mir gefangen und erlöst, Bin der All-Liebe unerschütterliches Jauchzen. Von Engelhand geführt, durchschwebe Ich die Göttersphären, die Mein eigen sind und Meines Daseins Aufenthalt im ewigen Augenblick, den Ich in schwebender Glückseligkeit erlebe. So nimm Mich denn, Geliebter, vollends als die Perle deiner Lieben hin und setze Mich in deine Krone, wo Ich deine Schönheit ziere, dich und dich und dich geworden, ohne jedes Unterscheiden.

Von dir ausgegangen, zu dir heimgekehrt Bin Ich das Mass des tätigen Vollendens im gewandten und beseligten Äonen-spiel. Ich flute hin und flute wieder im Erinnern und bedeute Mir das Fest des immerwährenden Beglückens Meiner selbst im Seelensein der Vielen, die Ich Bin und denen Ich in ihrem Sein als Eines in der namenlosen Zärtlichkeit des Ursprungs aller Dinge inniglich begegne.

So erweist sich Meine Schöpfung in Mir als vollendet und getan, noch eh sie recht begonnen, weil alle Zeichen in Mir auf Erfüllung stehn und weil die Sehnsucht aller Wesen nach den Himmeln Meiner Güte und den Räumen Meines liebevollen Seinsumfangens strebt, das Ich ihr pausenlos gewähre. Du Bist so wie Ich es Bin das göttliche Geschmeide Meiner allpräsenten Schönheit, vollends von Mir eingenommen, ohne auch der leisesten Begierde Raum zu geben, von Meiner Liebe wunderbar betört.

In unaussprechlicher Gefälligkeit und Lieblichkeit des Sich-Verwiegens atme von Mir das Arom der Seinsgeselligkeit in vollen, runden Zügen und erbaue dich am wunderbar erschütternden Gefühl, das All in köstlicher Gediegenheit in dir zu tragen.

Dann schweige und erfahre dich als in sich selbst gestillte Weiselosigkeit in einer unermessnen Sphäre des beglückten Ruhns, die weder Ende noch Beginnen kennt und die sich ewig fortträgt durch die Paradiese der Glückseligkeit, in der sie sich erfüllt und strahlenden Bewusstseins die erhabne Stillung ihrer Sehnsucht findet.

5.6

Ohnehin Bin Ich bezeichnet mit dem Siegel der Verbundenheit mit allem seinslebendigen Getriebe. Ich kaufe und verscherble, mache mild und wild, begütige und laufe aus dem Ruder überall, wo Leben sich erhebt und seine Rechte für sich fordert in dezentem Lamentieren.

Hast du Mich in dir auch nur für einen Schwick gesehn, so Bist du ebenbürtig unerschütterlich und weise Meinem Sein verschworen, das da wächst und wächst hinein, hinauf in unerhörte Dimensionen.

Begreife, wessen Hauch sich in dir still und lebelang veratmet und du traust dir alles zu, was aus Berufung dir ins Herz geschrieben ist von Mir, und ohne Wanken, Furcht und Zagen weisst du dich dem Werk verbunden, das Ich als der Meisterdichter intoniere ohne Wenn und Aber in bewundernswerter Dichte, Grazie und Vernunft des ÜberMich-Verfügens.

Ich spreche Lust und List, Erfolg, Erkennen, Heiterkeit und Hochfahrt in dein Schweigen und gewähre dir die allergrösste Huld, die man gewähren kann, indem Ich dich auf Meinen Sockel hebe, unverkennbar als das Ideal der Menschlichkeit und Göttlichkeit zugleich, der Erdenschwere wie der himmelslichten Leichtigkeiten, die sich deinem Wohlstand liebvoll offenbaren. Deinem Alles-Sein ist von Mir nicht ein Yota beizufügen, weil du Bist das unermesslich glorienvolle Meer des Seins, in dem sich alle Geister und Lebendigkeiten in Geschwisterliebe lächelnden Sich-selbstErkennens baden.

Unübertroffen treffe Ich in dir Mein Ziel der flutenden Allherrlichkeit im Grünen. Wachsend Mich bewähren, ist die wunderbare Seinsdevise, der Ich Mich seit Ewigkeit verschrieben; ewig in Mir selbst beruhn das glückverheissende Gelispel Meiner Hochgeduld am Warten auf Erfolg äonenlanger Dispositionen.

Nimmer steh Ich hintenan, weil jeder Meiner Zeugen Bug ist und Befreier Meiner Sehnsuchtskräfte an der Front der Myriaden Aktionen, die Mein Wille sind und Meine Fahrt ins Blaue, Laue der Unendlichkeit, in die Ich Mich verwebe.

Komm und schau dich in Mir an, so wie Ich Mich in dir schaue und enthalte dich des Unterscheidens, weil es nichts zu unterscheiden gibt im Unerhörten, das da Ist und seine Adlerkreise zieht in unver-gänglicher Glückseligkeit am Kreisen und sich selber meisterliche Daseinslust erweisen.

Himmelhoch in schweigender Allegorie als Gnaden-
bringer tupfst du selber dir die wunde Stelle rein von
jeder Sorge ums Gedeihen deiner Angelegenheiten,
denn im Sein ist alles schon aufs trefflichste
gediehen, was sich aus der Fülle in das Füllesein
erhebt. Ein Geschwader guter Engel zieht mit dir
durch Meine Lichtheit ewig ungeschoren und
versieht dich mit der Kraft der heiligen Gerechtigkeit
an allem, was du tust und was dir noch zu tun ist
aufgetragen.

Weide Meine Lämmer, sag Ich dir und trage dich ins
Buch der Hirten, die da Meiner Herde liebevoll und
tapfer überstehn. Halte dich an Meine Weisung, die
dir wie die rosenrote Rose in des Herzens Innigkeit
erblüht und lass dir ihr Arom voll Einsicht und
Genügsamkeit zu Herzen gehn. Wie der Windhauch
streif Ich dich in deinem Prunkgefieder und
bestätige, was du dir Bist als sakrosankt und wunder-
bar gesättigt noch in jeder Phase deines in Mir
Wachsens und Bestehns.

Komm in Mein unendliches Umfangen und erlebe
dich am Sein der Güte, die du dann erfährst in der
Verherrlichung der Zeiten und der Glorie der
Zeitenlosigkeit in Sternenräumen ohne Wiederkehr.

5.7

Grossmut, Wohllaut des Gerechtseins, Liebe allum-
fassend seh Ich keimen in des Wesens seinserhobner
Mitte, das Ich Bin und das sich weidet an der
perlenden Allgüte, die ihm eigen. Sinnverwandtes
Strahlen geht aus Mir hervor in majestät'scher
Frische, die das All belebt und hegt in fabulierenden

Gebilden mit eherner Gewissheit am Gelingen des vorausgesetzten Ideals.

In der Feuerkraft der Werte Meines Bleibens liegt urewiges Gedeihen an Mir selbst in wundervoller Selbstverständlichkeit des Mich-Erhebens ins Unendliche der Zeiten, Du Bist nicht eine Sache, die im Wirbel des Geschehns erscheint und sang- und klanglos wieder in das Nichts vergeht. Dein Blühn ist wie das Meine ein unnennbar süsses, gnadenvolles und bedeutendes Gewinnen namenloser Majestät und abergründiger Bewusstseinstiefe, die dein Sein erfüllt mit Heiterkeit und liebevollem Dich-Verstrahlen.

Ich biete dir Gewähr für das gewisse Etwas, das in jeder Senke Meines Wesens wunderbar verborgen liegt als Keim zu neuer Grösse des Sich-selbst-Empfindens. Dort, wo du Bist, fang an den Zauber deines Wesens zu vermehren durch die Schöpferkraftgedanken, die Ich deiner Innigkeit verleih. Sieh zu, wie sich das Wunderbare, das du Bist, der Morgenröte neu erfundner Tage frei und froh entgegenreckt, um ihre Schönheit zu begrüssen. Weide dich am blühenden Gewinn, den du in Lauterkeit und Lebenstüchtigkeit davongetragen. Es mehren sich die Stimmen, die dich loben rings umher, ob deiner Weisheit des Agierens und der Gründlichkeit des Handelns, als von Mir gefasst und induziert ins wohlgelingende Geschehn. Mach auf die Herzenstür und berge alle Kostbarkeiten Meiner Kür in deinen Räumen, um sie dann in reifgewordner Euphorie an deine Sphären wieder zu verschenken, reicher, strahlender und glückverheissender denn je zuvor.

Bewahre dir im innersten Gemach die Sanftmut absoluten Schweigens, wie die Grazie glückseligen In-dir-Verweilens als in weiselosem Wachsein in der Wonne des Dich-selbstGewahrens. Allumfassenden Bewusstseins siehst du dich dir selber gegenüber, makellos im Lichte deines Seins und liebevoll mit allem, was da Ist, aufs innigste verbunden. Deines Schweigens Fülle füllt die Räume allen Daseins mit der Sehnsucht nach Geborgenheit und Frieden in unendlicher Manier. Und wie du's willst, wird es geschehn in seinsgestillter Meisterschaft und allumfassendem Begreifen.

5.8

Mit dir und aller Welt im Reinen, Bist du, wenn du in Mir freudestrahlend deine Lebenskreise ziehst. Sorgenlos, wahrhaftig und gediegen ist dein Sosein allezeit,wenn es in der Bewusstseinsklarheit Meiner selbst wie hingebettet ruht und seiner Reinheit inne ist im Wunderbaren.

Was Geschmack hat und Geschmeidigkeit des Wiesels, Bin Ich in den Tagen Meines unbescholtnen Aus-Mir-selberGehns. Tänzerisch und unbeschwert beweg Ich Mich durch Meiner Gärten zauberische Frühlingspracht, die Mir in ewiger Holdseligkeit erblüht im Widerhallen Meines Strahlens.

Kommt es zu Kämpfen, tret Ich als der Herold der Gerechtigkeit und Unbesieglichkeit aus Mir hervor und preise das System der unbedingten Wappnung, dessen Ich Mich unfehlbar im Schlachtenrausch bediene. Das Michaelische steht Mir wohl an, wenn Ich des Drachens Feuerschlund mit einem Schlag zum Schweigen bringe; darauf ist in den Dingen

Meiner Gegenwart bedeutungsvolle Ruh. Denn alles Grandiose, genial Erdachte und Erhabene vollzieht sich in der Pracht und Macht des absoluten Schweigens, das Ich Mir voll Weisheit auferleg. Nun singt's und klingt's in Mir von glaubensstarkem Mich-durchs-All-Bewegen Meines Kosmonautentums in unverbrüchlicher Begierde, neue Welten zu erschliessen. Ich bewundere Mich selbst in der Gediegenheit der Sterne und Planeten, deren Mitte und Gefälligkeit Ich Bin im unerhörten Allertragen. An Eides Statt erklär Ich Mich zum Fürsten allen Zeitgeschehns und zum Betreuer Meiner Wundertaten. Richtungweisenden Befehls schaff Ich Bewusstheit um Bewusstheit in den Sphären und erreiche so die unermesslich reiche Vielfalt Meiner Züge. Taufrisch, ohne sonderlich zu glänzen, mische Ich Mich selbst ins Wesen aller Dinge der Allherrlichkeit, die Meines Daseins Ausdruck sind und Würde in bewundernswertem Auferstehn.
Aus frohgestimmten Herzenstiefen giess Ich Dank in Meine Schalen und vereine Mich in Lieblichkeit und Treue Meinem Werk, wie sich der Bräutigam der Braut vereint in überschwänglichem Entzücken, wie in der bewussten Wonne seiner Seinsnatur.

5.9

Ich unterrichte deine Sicht der Dinge in Meinem hohen Sinn der Gläubigkeit und Fülle in den Zentren Meiner selbstgefälligen Bravour. Lobesam, aufs äusserste gelehrt und intensiv Mein Sein betonend, Bin Ich Wächter und Bewachter zugleich Meines allersummenden Imperiums.

Wenn Ich baue, bau Ich an den Ufern der Unend-
lichkeit, wenn Ich verweile, dem Allüberall ver-
schworen, leist Ich im Fluge der Allherrlichkeit, was
sich bewährt vom Hundertsten ins Tausendste in
Meinen hochgezüchteten Ambitionen.

Wortlos tummle Ich voran mit Meiner Absicht, Mich
und Meinesgleichen zu belehren in der Tugend der
Beständigkeit und allerfüllenden Gerechtigkeit am
Leben. Spielerisch und unverfroren gleite Ich dahin
und lege Meine Kunst zu sein in alle Partnerherzen
ungezählter Generationen von Vertretern Meiner
Sache in den Weltensphären. Meines Allwinds
wesenhaft gewahr entbiete Ich Mir selbst im
Licht- und Liebegang den Frieden und vereine Mich
aufs zärtlichste mit allem, was Ich Mir gedankenvoll
und lieblicht erschuf.

5.10

Keines Schattens Bleibe gönn Ich Meinem Mich-als-
Licht-im-Licht-Verstehn. Unendliches Geflüster
rauscht um Meiner Liebe seligen Thron, Mich ohne
Unterlass aufs innigste zu verehren. Selbst Habe-
nichtse drängen sich heran, um durch ihr blosses
Hiersein Meinem Strahlenglanze Ehrfurcht zu
bezeugen.

Glorie des Seins füllt die Allräume und bewahrt sich
selbst in unergründlich reiner Majestät. Die Chöre
Meiner Seins-getreuen überbieten sich im Hosianna-
rufen, derweil Ich schweigenden Gewissens Meinen
Strahlenblick in namenlose Weiten sende, um Mich
an den Werken Meiner Schöpferkraftgedanken
seelenruhig zu erlaben.

Meines Reiches ist kein Ende in den lichtdurchfluteten Bewusstseinssphären Meines Mich-ins-All-Versprühns. Legionen guter Geister eilen hin und wider in der Dienstbarkeit der Sphären, die aus Meiner Fülle rings um Mich ersteht. Liebenden Umfangens sen Ich Zeichen der Allgüte mitten in den Meinen und beglaubige Mein Sosein in der liebevollen Tat.

So geschieht's, dass alle, die Mich sind, sich dem Allgutsein pausenlos verschreiben und in emsiger Begier das Gute fördern und das Seelenlose meiden, wo es immer sich erheben will. Gewissheit Meiner selbst Bin Ich in allen Regionen Meiner Ich-Natur, die bis ins kleinste sich versendet und verpfändet als gelebt und wunderbarerweis gediehen. So reich Ich selber Mir die Hand zum Bunde der Allherrlichkeit in Gleichungen erhabener Lebendigkeit, die Ich voll Würde evozier und an die Stelle jeden Nichtseins setze, das in sich Unendlichkeit markiert.

In weiser Selbstverständlichkeit seh Ich Mich zur Glückseligkeit verglühen überall, wo Ich Mir des Erkennens Züge angedeihen lasse, wie des Weilens unbegreiflich süsses Los. Ich tränke Meine Sinnkraft mit der Wonne des dahingegebenen Elans und ruhe mitten in der Sternkraft Meines schweigenden Mich-selbst-Besehns.

Leis verebbender Gestaltung inne, leg Ich Weiselosigkeit in Meines Sinnens Schoss, indem Ich vor Mir selbst verstumme, reglos dem Entzücken Meiner Zeitenlosigkeit dahingegeben.

5.11

Droben ist Mein Walten, droben ist Mein Sinn in aller-wertester Genügsamkeit am Sein und Wesen. Ich bedeute Mir das grandiose Schauspiel allen Lebens, Wirkens und Verstehns in der Alldichte Meines selbstverständlichen Agierens, seinsbewusst und lichtdurchzogen.

Manche Strecke Bin Ich schon gegangen im Äonenringen um die Klarheit der Begriffe und Glückseligkeiten, die Ich Mir erschuf. Wo kein Raum und keine Stätte war des süssen Bleibens, fing Ich an, Gedankenstösse hinzusenden, triefend von Gestaltungswillen, Lebenskraft und schöpferischer Phantasie. Es erhoben sich die Gründe der Natur vom Geistigen ins Schwergewichtige, vom Lichten, Luftigen ins Dichte, Starrende und Formgewaltige, an jedem Sternenschauplatz im Allräumlichen, dem Ich Bestimmung und Gesittung, Lauterkeit und Lieblichkeit, Lebenswillen und Bewusstsein zutrug Meiner Konvenienz und Seinskraft ohnegleichen.

In diesem triumphalen Ausgehn Bin Ich auch in dir der Meister Meiner selbst und der Geliebte Meiner Angelegenheiten, die sich in unendlichem Gedulden und Gewährenlassen in Äonenzeit vollziehn. Taufrisch jeden Tags Beginnen Myriadenfach im Spiel der universenweiten Lebensglorie, die Ich Mir vollbewusst verlieh, um Meinem Glanze neue Wirklichkeiten, spielerische Zeugen Meiner Phantasie, skurrile Ich-Gefässe in bedeutungsvollem Machtgewinn hinzuzufügen.

Schwer gewonnen, leicht erfüllt sind Meine Ziele im Unendlichen und Ewigen Meiner Dispositionen, derweil Ich sprachlos steh in der Rochade Meiner innersten Geselligkeiten, die da sind: Die namenlose

Heiterkeit des Weilens ebenso wie das Geheimnis blütenreiner Seinsglückseligkeit im Himmelsfrieden, den Ich ewig lauschend Mir gewähr. Ich verschwebe Mich in lauter Stille, Wachheit und Gelöstheit in den Sphären Meiner Ruh und Meiner Treue zum beseligenden Bleiben. Behutsamkeit und lächelndes Genügen sind Mir eigen wie das seelenselige Erinnern an den Mehrwert, den Ich Mir erschuf. Leis verwehn sich die Gedanken in die Fernen Meiner Nähe im Unendlichen, bis sie in seligem Selbsterleben stille stehn.

5.12
Mein Ich bewegt dich durch die Zeit der langen Nächte und Verwerfungen des Lebens. Ich habe nicht die Absicht, dich zu strafen, wenn du Unbehagen spürst am Dasein und die Sehnsucht dich befällt nach Ausgewogenheit und Ruh. Gerade durch die Drangsal will Ich dein Bewusstsein von der Welt befestigen und dir ihr Inneres erzeigen, das Ich Bin in wundersamem Glanze der beständigen Heiterkeit, des Wohlbefindens und der Wonne an der Heilsgestalt, der Ich in Wahrheit angehöre und die Mich durch Unendlichkeiten, Sommersonnengärten, Liebesabenteuer und Beseligungen führt.
Meine Ruhe ist der Angelpunkt der Zeiten, Mein Befehl der Ausgang aller Dinge aus des Schöpferkraftgedankens Farbigkeit und Stil. Ich schreibe Mir das Allerzeugen wie das Allerbarmen an den Herzensdingen aller Wesen zu, die sind und ihren Fühlkreis um sich breiten. Im makellosen Schreiten Bin Ich ihnen Leitwerk, Tapferkeit und wundertätiges Befrieden ihrer Turbulenzen in des

Lebens Sinn und Sagen. Weiche nicht von Mir, geh Ich dir zu verstehn, denn Mein ist auch das Ungezählte, das Mich flieht in seinem Irrlauf und Verletzen der Gesetze Meines steten Harmonierens.

Zieh die Friedenstracht voll Überzeugung an, dass dir Beglückung anhängt und Erquicken in der Einheit mit den Meisterzügen Meiner Wahl. Ich erwarte, was du Bist an Meinen Tischen des vollendeten Erlabens und der Seinsgeselligkeit, die wie ein Märchen sich ins Leben giesst der Auserwählten Meiner Kunst zu sichern und zu segnen immerzu.

Im Handeln frei, im Lieben inniglich an Mich gebunden, sei in allem Ernste das Idol der Menschlichkeit, das Ich Mir vors Gewissen lege im Bewusstsein steten Fortschritts und urewigen Gesundens.

5.13

Keine andern Götter neben Mir sollst du dir leisten, Kamerad der Sittenstrenge und des seinserleuchteten Empfindens. Nicht Mammon oder Macht sollst du zu Heilsverkündern deiner Tage stilisieren, weil sie deine Unschuld an dir selbst zerstören und dich kleiner machen, als du Bist in Meiner Lauterkeit und Meinem sagenhaften Mich-Verstrahlen.

Identität von Zeit und Raum erklärt sich aus der Wesensschau, die Ich Mir meisterlich errungen habe. Was ist der Sturz ins Sein denn anderes als die Vernichtung aller illusorischen Verbindlichkeiten, die dich plump und träge, selbstgefällig, würdelos und gierig auf dich selber stellen in der Wüste des mechanischen Gehorchens einem militärischen Befehl.

Ich Bin Mir das begehrenswerte Feingefühl des himmlischen Gerechtseins an der Sache des Alleinen, der Ich aufgepfropft und eingegliedert Bin im allerweitesten Gedankensinne. Sei das Sein, erklär Ich dir, und folge Meinem Unterweisen durch dick und dünn und durch erbarmungsloses Spekulieren um das einzig Wahre, das da Ist und wird es selbstverständlich bleiben.

Mein Bewusstsein ist der Freie allerhobnes Spiel in Lauterkeit und Güte, Glanz Elysiens und gnadenvoller Einsicht in die Dinge der Allherrlichkeit, in der Ich wohne. Mit dem Banner der Glückseligkeit versehen, kämpfe Ich nicht mehr und lass Mich auf dem Meer der Wonne treiben, das Ich Mir zur Ruh' erwählt. Allerzärtlichsten Begreifens lausche Ich dem Harfenspiel der Herzenströsterin Musik in Meinen Gründen und reihe Meiner Wissenschaft Gebilde dankbar vor Mich hin, weil sie Mich selbstlos und beständig in die Höh' gezogen. Ich bewerte Meinen Zustand als so rein und licht in sonnenstrahlender Gottseligkeit, dass keine Wünsche mehr Mein Sein beschleichen. So zart, so seeleninnig und begeisternd liebenswürdig Bin Ich Mir, dass alle Seher-blicke an Mir hangen und mit Mir der Seinsgeselligkeit in vollen Zügen frönen wollen. Aufbruch zu Mir selbst Bin Ich geworden und Geläufiger des Ziels in überirdischem Entzücken an der Gunst, die Ich erfahren.

Leis verebbend lass' Ich los, was Mein Erzählen war und verströme Mich ins Raumgefühl in Liebesseligkeit und absolutem Schweigen.

5.14

Götter und des Herrn Geliebte werde Ich euch nennen allsobald, wie euer Sinn sich unbedingt dem Sein verschworen hat und seiner liebevollen Weise, einer Welt von Schönheit, paradiesischer Gelassenheit und Reinheit der Gedanken vorzusteh'n.

Hab Ich Mich erkannt in deinen Gründen, gehst du als ein Freudetaumelnder einher und lachst und singst und lässt dich als ein Gottesnarr bezeichnen, der verrückter Dinge Sklave sei geworden, währenddem du unfehlbar und seins-bewusst durch Meiner Gärten blumenreiche Spuren wandelst. Du Bist des Freiseins Zug und Zierde dir geworden, der Lächler auf dem eignen Thron und der Behütete in hunderttausend Gnaden.

Als Mein Abbild darfst du dich allwie im Märchenreich der tausend Liebesnächte fühlen, darfst wie auf weichem Pfühl der Stimme lauschen himmlischer Holdseligkeit, die dich in Friedensträume wiegt und ins Bewusstsein des vollendeten Gedeihens an der Sache der Allherrlichkeit, die dir beschieden.

Bedächtig und bescheiden nimmst du dich zurück vom Schauen der Gottseligkeit und lässest ihren Duft in die Gefilde deiner Menschlichkeit verwehn.

5.15

Gefälligkeit am Sein will Ich das nennen, was Mich im Innersten bewegt und was, wie Milch und Honig aufgetragen, Meiner Seele Nahrung ist im Ungründlichen, das Ich bewohne. Des neugebornen Zickleins Freudensprünge auf der Heide sind meinem Herzen Sinnbild und Idol, und Meine Gläubigkeit ist Mir zum Fest der Übereinkunft mit dem Ewigen geworden, das Mir das Dasein läutert und beseeligt ohnegleichen.

Meine Lage ist erklärlich so wie graziöser Dinge Schimmer sich von selbst erklärt in der spielerischen Leichtigkeit des Sagens. Ich gleite wie auf Daunenwolken wonniglich dahin und überbiete Mich so nett, so zierlich, so gelehrt und eben seinsgewaltig im Umrunden der Geselligkeit der Götter, die Mir zu Gevatter stehn. Wählst du dieser Schau vollendetes Genügen, Bist du wie gemacht und unverholen in der Zeitgeschichte weit voran, als ein Gesegneter der Göttersphären und ein Liebenswürdiger der Geistigkeit, in die Ich dich voll Sanftmut und Gewissenhaftigkeit entführe.

5.16

Wann wirst du wohl erwachen und dein Eigensein mit Augen Meiner Provenienz beschauen? Da lade Ich dich zur Erbauung ein an Meinem wertvermehrenden Erspriessen, wie am Freiheiten geniessen, die dir zustehn, als von Mir gegeben und gesichert und belebt für Ewigkeiten. Du verwandelst dein Bewusstsein in der Weise, wie du Meines dir eroberst in den Rängen der Allherrlichkeit und Sitte, des gelösten Fabulierens, wie der Traulichkeit mit allen Seinserlösten, die dich licht und voller Grazie umgeben.

Du magst es nicht für möglich halten, eins zu sein mit dem Unendlichen in Seiner Majestät, mit ihrem all so weisen Aneinanderfügen der erstaunlichsten Ideen, die dem Zeitlichen enormen Glanz und wunderbare Leichtigkeit verleihen. Ich Bin die Güte selbst, stellt sich das Ewige vor und handle nach dem

Grundsatz des gerechten Mich-Verteilens an die Wesen Meiner liebevollen Achtsamkeit auf ihr Gedeihen und besänftigendes Wohl. Ich schütze, was sie sind, wenn sie sich schützen lassen, und belebe ihren Sinn mit Phantasien höchster Qualität und dramaturgischer Geschicklichkeit im Mich-aufs-angenehmste-Präsentieren.

Bedenke, was dir frommt, als Gründlicher in Meinem Dich-Begründen und erlebe, dass Ich dir die Weichen stelle für die Fahrt auf ein zutiefst beseligendes Ziel.

Es ruht das Korn, wenn es in voller Reife sich im Winde wiegt und in den herbstlich milden Sonnenstrahlen. So wiege du dein Seelensein wie unter lindern Segensspruch in Meinen Auen der glückseligen Gelassenheit und Reinheit des Empfindens. Schaue deinen Bogen der Vollendung als erfüllt mit allem, was dir zusteht nach dem Masse deines Dich-Erbildens an der göttlichen Natur. Sei froh und fröhlich immerzu und lass dich von der Einheit allen Seiens zur Verherrlichung deines wundervollen Wesens führen.

5.17

Liebevolle Sehnsucht nach der Freundlichkeit des waltenden Geschicks ergreift Mich, wenn Ich so in unbestimmten Wallungen darniederliege. Macht auf die Tür ihr freundlich zugeneigten Geister, will Ich rufen, und verleihet Mir Holdseligkeit und Seelenfrieden.

Hinter deinem Üben steckt immense Arbeit an dir selbst und eine wunderbare Weise des Betrachtens aller Dinge deines Daseins aus erhabner Geisteshöh.

Es klärt sich manche Ungewissheit in dem Licht der Wahrheit, das Ich in Fülle zu dir sende, wie auch im zart gestimmten Unterweisen, das Ich dir auf mannigfache Art verehr.

Heit're du dich auf an dem, was Ich dir liebevoll besage, und mache dich bereit, am Tage der Geburt vollends im Sein zu stehn, als in der Niederkunft der Sphären in dein Herzempfinden und ihr wesenhaftes Aufblühn in dein Schauens liebelichtem Strahl.

Verblichen ist, was Mir im Lebensraum geschah, den Ich in früh'rer Zeit verwaltete. So beträchtlich ist das Unterscheiden zwischen den zwei Welterscheinungen, dass man davon sprechen kann, von einer Nacht der Sinne in den hellen Tag des Übersinnlichen zu gehn in wundertätigem Erkennen der Gemeinsamkeiten mit dem Sein, das alles Ist und alles schafft durch die erhabne Fülle seiner Wesensglieder.

Ich befinde Mich auf glanzvoll hochgebor'ner Mission und überlasse Mich dem Freudenreichtum in bewusst erlebten Göttersphären. Zum Sein Bin Ich bestimmt, und zur Begeisterung auserkoren, wese Ich in seinsbewusster Harmonie mit den allheiligen Kräften, die die Himmelsräume zieren. Wohlgelaunt und heiter Bin Ich Mir das unerreicht Geschmeidige, das sich in Grossmut und Bescheidenheit, Barmherzigkeit und Milde übt, den Wachsenden und Unbeholfnen gegenüber.

5.18

Erst im Bodenlosen der Unendlichkeit kannst du dich seinsgewappnet nennen und gestrichen und gezogen wie die Geige zum unendlich fabelhaften Spiel. Es gewähren sich dir götterherrliche Holdseligkeiten in der reinsten Minne, die da Ist, von Mir gegeben und geläutert im urewig reinen Spiel.

Hast du dies begriffen, ist die Wendung zum erhabenen Geläut vollzogen, das dir unaufhörlich in die Geistesohren klingt, von Engeln im Elysium angeschlagen. Wie darf Ich doch, vom Sein gesegnet, in der Pracht des Allbewussten stehn und ein Gewissen hüten von unendlicher Gediegenheit und Liebenswürdigkeit im Gastrecht der Äonen. Schweigend wimme Ich, was Mir die kostbar und genial gewordne Zeit zur Sichtbarkeit erhebt in Seinsgedankenfolgen von unnennbar gnadenvoller Majestät und Freundlichkeit des Sich-Vergebens.

So gereich Ich selber Mir zum Heil und zum Erreichen einer Stufe der Geselligkeit mit allverwandten Wesen, die den Lebenssinn aufs zärtlichste erleuchtet, weitet, auferweckt und stählt, dass Ich erkenne, wie voll wunderwirkendem Bedeuten sich der Wandel stilisiert der Auferstandenen zum Lichte des Verklärens und zur leuchtenden Präsenz in einer Sphäre allgemeiner Wohlbekömmlichkeit und Sicherheit der Weilens.

5.19

Gar treffliche Geschichten dürfen's sein in unverzagtem Aneinanderreihen, die von Mir bezeugen, was Ich lautern Herzens Bin und was Ich nimmer in Mir missen möchte im alltäglichen Bewusstsein Meiner Kür.

Hellen Geisteslichtes Tragen füllt das Haus, in dem Ich Seinspräsenz und Wachheit Meiner Triebe formuliere. Seelenvollen Lächelns leiste Ich in ihm den Dienst am Leben, den Mir die ruhevolle

Übereinkunft mit dem Sein gebietet. Ich werte auf, was niederträchtig noch daherkommt in den Tagen Meiner eloquenten Grazie des Erscheinens und gestalte die Gegebenheiten zu berückend reiner Schönheit nach des Herzens sinnverbreitendem Befehl.

Klugheit lass Ich walten, wo das Diffizile sich entzweien will in ganz verschiedner Meinung Weise, die den Fortgang des Geschehns blockieren will und Unruh schafft im Weiterstreben. Meiner Weisheit darf das Seinsgewisse sich empfehlen, um geflissentlich Distanz zu halten zum Banalen und Profanen in der Gütertrennung Meines Strebens. Ich stärke, wo sich Schwachheit etablieren will, und überzeuge, wo das Unbestimmte sich vergeistert in des Tages Kapriolen. Nur das Hochgeschwungene vertret Ich, das im freien Fluge seines Wachens Kreise zieht in nie erlahmendem Gewalten. Andacht vor der eignen Grösse nährt die Demut am Geschick und lässt Vertrauen und Bestimmtheit in Mich fahren. In der Aufgewecktheit siedle Ich Mich an und raste nicht, bis die Konstanz der Harmonie der Lebenshaltung sich verwirklicht hat in Meinen Sphären.

So erwerb Ich Mir Glückseligkeit und Frieden in gewinnender Manier und stärke das Allmenschliche im weitgedehnten Bogen Meiner wunderwirkenden Bravour.

5.20

Mehr als Mir lieb ist, fallen Mich Probleme an in Meiner lebelangen Seinsgalanterie, in die Ich eingewickelt und gebunden bin. Jedoch dem Allverlangen angehangen Bin Ich noch in jeder Phase Meines Werdens und In-vollerMajestät-Bestehns. Was Ich Mir angerichtet habe in verschwenderischer Pracht im Tigel der Äonen, steht vor Meines Weltgewissens Gläubigkeit und Staunen und erklärt sich Mir als werkgewordne Schaffenslust in freuderfülltem Strahlen. Ich Bin Mir jede Wende in der himmlischen Struktur, die dem Menschenaug in ihrer Abergrösse fest erscheint, derweil sie ewig fliesst und sich verströmt, um neuem Raumgefühl Salut zu geben.

Mein allherrliches Gewinde und Gebinde ist so schön in unerreichbar reichen Fernen und schlägt sich doch in Mein Bewusstsein nieder, als Gedankenfolge, licht und kühn und wunderbar.

Was Ich immer mir erschuf, ist immerdar mit Mir verbunden als in einer Einheit von unendlich feiner Ligatur, die alle Pulse sich erfühlt und jede Meinung sich in Gönnerwürde anhört, um sie weiserweis und liebvoll zu erfüllen.

In Mir ruhn bedeutet, Meines Daseins inne, in Mich aufgelöst zu sein und alle Meine Zauberkraft in Mir zu spüren. Ich halte sie, verwalte sie und Bin ein liebegleissendes Idol der Stärke, des Vertrauens und der unbedingten Treue, Meinem Wesenslicht entgegen.

Birg die Botschaft in den Seelengründen, dass du Bist und wiederhol sie in glückseligem Gemurmel Tag für Tag, tagein, tagaus, bis sie dir ein und alles ist geworden. Erwecke deines Dankens Lied ob deinem Blinken und beginne zu verstehn, was dir die Zukunft bringt, aus so poetisch wunderbarer Seinsergriffenheit geboren.

5.21

Nicht auf deiner Ottomane bleibe sitzen, wenn der Weltenruf erschallt, verkündend neuer Seinsgesetze Überschlag und Strahlen. Lauf dem Verkünder allsogleich entgegen und umfange seine Botschaft als die Freude in des ganzen Lebenslaufs Begründen. Sie erklärt sich dir als Gottesgabe an dein Menschsein von unübertroffner Qualität und Redlichkeit, indem sie dein Bewusstsein öffnet zum Gewahren, dass du Bist das Sein mit alten Attributen der Allherrlichkeit, die ihm zu eigen.

Funken sprühten aus der Bundeslade. Wer als Sterblicher ihr nahe kam, erlitt den Tod und wurde darauf als Unsterblicher gefeiert in den höheren Reichen der unsterblichen Natur.

Funken sprüht die Botschaft von dem Sein und nur Unsterbliches darf sie berühren als zur Weihe seiner Eigentümlichkeit und zur Erkenntnis seiner überwältigenden Gnaden. Denn es ist die Fülle ohnegleichen, die ihm zukommt in der seinsbedingten Schöne. Alle Himmel öffnen sich dem reingewordnen Seelenblick und ziehn den Wanderer äonenlangen Sputens ins Elysium des Seins und in den Saal der unermessnen Freuden.

Wer immer hat begriffen, dass er Ist, erreicht den Zustand des allherrlichen Begütens seines Wesens mit der Geistessonne liebelichtem Strahl. 0 holde, milde Macht, die ihm damit gegeben, o Born des zärtlichen Umfangens in den Liebesparadiesen, die sein Herzenssehnen stillen und die Wahrheit seines Seins enthüllen, wunderbar.

Fug' an Fuge muss sich fügen, bis der Dom der Herrlichkeit in vollem Glanze sich erhebt, und darin darfst du wohnen, unter deinesgleichen, die den Sinn des Seins begriffen und ergriffen haben. Das Wirkliche ist hier erkannt und das Unwirkliche entlarvt als Maya der Vergänglichkeit, die nur dem einen dient, die Wesen all emporzuführen zur allweiten Glorie des Seins und des glückseligen Verweilens in der Andacht vor der Majestät, die ihm zu eigen.

Wer es fassen kann, der fasse es, und wer geneigt ist, auszuharren auf der langen Pilgerschaft in Treue, Tapferkeit und Demut, harre aus und harre aus in hunderttausend Freuden.

5.22

Die Sprache der Geselligkeit, mit der du dich dem Weltenall verbindest, ist frei von Mir erfunden, um darzutun, wie sehr Ich Mir den Umgang wünsche mit den Wesen im Allhier.

Doch soll das Sprechen dir nicht als ein Pappenstiel erscheinen. Es muntert auf und stösst darnieder, wappnet und entblösst und fliesst wie Balsam in empfänglich liebe Seelen, wenn die Herzensgüte mitschwingt in der Redlichkeit der Rede.

So sieh denn zu, dass dir nichts Unvernünftiges die Lippe kräuselt und kein Sterbenswörtlein einer Missgunst oder Unbeherrschtheit hingeworfen wird zum Gegenüber, der es aufnimmt als für echt gegeben und getan.

Lerne schweigen, wenn es in dir brodelt, und bedenke dich gar wohl, eh du nur eine Silbe äusserst von dem Sermon, den's dich zwickt, daherzusagen.

Worte sind ja Manifest gewordene Gedanken und die sollen schön gereift sein, wie des Sommergartens Früchte, eh sie ausgesprochen werden, dass sie

Freude, Trost, Begeisterung, Verständnis und Ver-
bundenheit bewirken in der Runde der Begeisterten,
die dich umsteht.

Von eignen Abenteuern sollst du nur erzählen, wenn
sie erbaulichen Elan verbreiten und bezaubernde
Gefälligkeit am Leben. Ziehen sie hernieder, lass es,
ihnen Raum zu geben und vermeide so das Schuldig-
werden an der schlechten Tat.

Sprachlos sein ist besser, als sich ständig in den
Redefluss zu drängeln derer, die ja so viel Wichtiges
zu wissen scheinen durch den lieben, langen Tag.
Mache dich gereift, auf Mich zu hören und verbreite
so die Weisheit höherer Gefilde und die Anmut
seinserhabener Gedanken, die geflissentlich von
Herz zu Herzen gehn. Reinheit liegt in dem, was Ich
dir leis besage. Die Schönheit göttlichen Vollendens
meistre dich. Ergriffen lasse dich von Meiner
Meisterschaft verwöhnen.

5.23

Sein und schweigen, eine wunderbar geklärte
Melodie des Daseins in Glückseligkeit und Frieden.
Wem ein solch Geschick gegeben, gleitet wie auf
Adlerschwingen durch die Freudenzeit dahin und
erlebt sich in vollkommner Einheit mit dem
strahlenden Bewusstsein, das da Ist und das sich in
sich selber feiert als vollkommen, weiselos und
seinsgediegen.

Kristallne Klare des Bewusstseins öffnet ihm die
Schau auf die Allherrlichkeit, die es sich immerfort
verkündet als allheiles, wonnevolles Wesen, das voll
Zartheit, Reinheit und Erhabenheit sich selbst regiert

als in der Freie der Unendlichkeit und des unendlich freien Sich-Verströinens.

Es ist sich selbst Idol in absoluter Redlichkeit und Milde des Begreifens seiner Motivationen, die sich in elysischer Gefälligkeit und Schönheit liebevoll vollziehn. Aus der Fülle in die Fülle schöpferischen Phantasierens webt Es seine Träume von entzückendem Gestalten, allgemeiner Wohlfahrt und dem Glanz des Seligen-in-sich-Verweilens.

5.24

Die Stufen zu des Heiligtums Altar sind nicht zu zählen, doch ein jede bringt dich um das Wenige voran, das sich summiert zum ganzen Wunderwerk, an dem die Gottgefälligen sich ihre Wesenskraft beweisen. Jeder Aufstieg ist mit Energie, Gewissenhaftigkeit und innerer Grösse zu bezwingen, die dem Ewigen entspringen, das Ich Bin seit Urzeit, mit Elan und köstlichem Behagen. Meiner Schwünge Schwung erklärt sich aus der Daseinslust, die Ich mit Vehemenz und glorioser Unerbittlichkeit in Mir erfühle.

So füg Ich Tritt um Tritt zum Wunderwerk, das Ich Mir vorgenommen zu errichten, in niemals endender Bravour. Gedanke reiht sich an Gedanke in der glitzernden Struktur, die sich ins All erhebt und die von herzenswarmer Liebe ist durchzogen.

Was in Schönheit ist geboren, lebt und webt in Heiterkeit dahin und erklärt sich als gerundet und gesundet an sich selbst in sternenweiter Souveränität und im Bewusstsein der Unendlichkeit, die ihm zu eigen. Was Mich lockt, ist kapitale Grösse ebenso wie Heimlichkeit des stillen Aufgehns im Intimen eines menschenfreundlichen Gespiels. Hier eröffnet sich dem Bangen, Hoffen und Bestehn das freudenträchtige Erfüllen in der Weise des Verklärens der Gegebenheiten. Jeder spriessende Gedanke trägt das Zeichen des Persönlichen in Mir und hat den Willen, eine Eigenwelt voll Phantasie und Tatenfreude zu begründen. Einem Schwarm von Myriaden steh Ich zu Gevatter, dem Ich seine Freiheit lasse und an dem Ich voll Innigkeit und Zartheit hänge, als das wirkende Agens und das Arom der Seinsglückseligkeit, das Ich allüberall verbreite.

So sind die Dinge Meiner Herrlichkeit in Minne zu erklären und so versinnen sie sich wieder in das Eine, das Ich Bin, zusammen, aus dem Grenzenlosen in die wunderbar getragene Beschaulichkeit und Wohlfahrt einer wonnevollen Seele.

5.25

Bestürzend wonnevolle Pracht im Zaubergarten, der zu dir herniederreicht aus wunderbar getragnen Höhn. Ich eile hin und wider, auf und ab und in die Quere, um mir all das Hochkarätige anzusehn, das Mir frappant und farbenfroh entgegenleuchtet. Wie verwandelt Bin Ich, seit Ich all die Herrlichkeiten sah im Traumland der Unendlichkeiten, das sich Mir zum Sein und überaus ereignisvollen Sinnkreis dargeboten. Nimm du's an, hart' Ich Mir auszusagen und im Glücke der Verwandlung tauschte Ich Mein so erbärmliches Geschicke gegen die unnennbar gloriose Fülle aus des Himmels Sicherheit und Gnaden.

Kann die Herzensfreude auch spazieren gehn? Ja, sie verbreitet sich in allen Meinen Gliedern, fährt in

Mein erstrahlendes Bewusstsein und bereitet Mir den Übermut der Kinderunbeschwertheit und Verspieltheit in den jugendlichen Tagen. Was Ich immer Mir beim Namen nenne, strahlt den Glanz der Freudlichkeit und des Entzückens wider, die ihm innewohnen. Alles wird Mir lieb und teuer, was sich wie gerufen um Mich breitet in bezaubernd heiterer Manier.

Leichthin lass Ich all das Wohlbekömmliche in Mein Gewissen fahren, das Mir so voll Sanftmut und Behutsamkeit entgegenströmt aus allen Breitengraden, und Ich lasse Mich von dem verwöhnen, was Mir lächelnd und bedeutsam in die Augen springt aus sonnenklaren Regionen.

So erfüllt sich Mir die lockende Verheissung: Ihr werdet mitten in der Winterszeit die Bienen summen hören und die Frühlingswinde werden euch umfächeln mit dem Liebreiz ihrer Gaben, dass ihr einhergeht wie in zauberhaften Träumen und die Gestimmtheit der Glückseligkeit euch innewohnt im Ewig-Wunderbaren.

Seinsgestärkt und heiter tret Ich nach der überirdischen Beschauung zum gewohnten Tagwerk an und vollbringe das zu Leistende galant und friedevoll im Stand der hunderttausend Gnaden.

5.26

Wie begonnen, so gewonnen in der makellosen Attitüde wahren Seins, das nie verbraucht und ungezügelt sich ins Dasein stürzt der Myriaden. Mit stupender Feinheit hat es sie ins Dasein eingeschlagen und begleitet ihren Gang durch die

Jahrtausende mit sagenhafter Anteilnahme und subtil gefächertem Durchströmen der Gestalten.

Zieh deine Schuhe aus, denn was du hier betrittst, ist heiliger Grund. Was ist doch Wohlgeraten und Entzücken andres an dir selbst denn Überschreiten einer Schwelle in ein Reich des höheren Bewusstseins, das nicht mehr mit den gewöhnlichen Gedankenkräften rechnet, sondern sich in einer Sphäre des Erkennens abspielt, das von oben kommt und dem die Weisheit der Allherrlichkeit ist ins Gesicht geschrieben.

Ohne jeden Zweifel darf Ich hier den Lobgesang des Lichts erfahren, das wie der Sonne unermessnes Strahlen in Mir aufgeht und die Sphäre des Bewusstseins füllt als in getragenen Allweiten. Von Sein und Sinn erfüllt ist alle Räumlichkeit, in der Ich wese, von Liebe und Beschaulichkeit durchflutet alles Gegenwärtige, wo Ich Mir der glückselige Beschauer und Erleber Bin in vielgeliebten Zügen.

Ein Manifest der Wahrheit ist, was Ich voll Ernst und Traulichkeit von Mir besage. Eine Perle des entzückenden Gestehns des Zustands der Erhabenheit, in dem Ich Mich befinde.

Leichthin lass Ich alle Leinen los und atme feierlich den Duft des absoluten Freiseins ein, von dem Ich immer schon geträumt und Mir ein liebereizend Bild gezeichnet habe. Ich suche nichts mehr, weil die Weihe Meiner selbst so viel erhellt in Meinen Räumen, dass Mir alles klar ist und das Hinterste Mir ebenso im reinsten Licht erstrahlt, wie das gerade vor Mir Seiende Idol.

Gerne will Ich das Arom der Himmelszärtlichkeit, die Mich erfüllt, in dein Bewusstsein tragen und die Wonne dich erleben lassen des ereignislosen Seins in ruhiger Bestimmtheit und vollendet liebevollem Mich-Verstrahlen.

Gewähre dir das Vorrecht, Meines Hierseins silberhellen Hauch zu spüren, wie die Melodie der Seligkeit, die Meines Atems Einfall ist und Enden.

Nach dem Schweigen trachten die Gesegneten Elysiens, weil sie gewiss nichts weiter wünschen, als im Zustand des Glückseligseins zu weilen und sich im Liebeslicht verbunden mit der Seele der Allwesenheit zu sehn.

5.27

Seinsverklären spielt sich ab in aller Wesen Sinn und Sagen. Was immer sich entfaltet, gibt dem Sich-Besinnen auf den Zustand reinen Seins gebührend Raum, um diesensicherlich auch wieder zu erreichen. Langgedehntes Schwei-gen ist vonnöten, um die Würde der glückseligmachenden und wunderbaren Gottesnähe zu erringen, die das Wesenmit dem Duft des Seins erfüllt in unsagbarem Wohlgeraten.

Da gibt es keinen Trost, der nicht aus ganzer Seele denen, die ihn suchen, hingegeben. Warme Weichheit trägt sich blütenrein voran und beseligt und besiegt in unnachahmlich feiner Anmut, was da kommt und was weit offen ist dem unsagbaren Himmelssegen.

Das Weise flüstert allem Weisgewordenen Erbauen zu und das Geschiedene wird wirkungsvoll vereint im allgemeinen Fest des Einen, das da seine Wunderkreise zieht.

5.28

Den Götteraugenblick erfassen heisst, beim Hinübergehn vom Schlaf zum Wachen inne werden, dass Ich Bin das Sein in seiner ganzen Fülle der Unendlichkeit und der Glückseligkeit, die ihm seit eh und je beschieden. Erstrahlenden Bewusstseins find Ich Mich in der Vollendung Meiner Züge, wissend und gewandt, äonenträchtig und erhaben. Der Geschwisterschaft der Sterne zugetan, verweil Ich mitten unter ihnen als Gesegneter des Alls und Verkünder wunderbarer Einigkeit mit Mir. Galaktische Gelöstheit ist Mein Rauschen in urewigen Gesängen, in der Wonne der Wahrhaftigkeit, wie dem Arom des Friedens, das Mein Sein durchströmt. Eine andre Weise kenn Ich nicht, als die, das Einigsein mit allem zu geniessen und Mir selbst Gelegenheit zu geben, völlig unbeschwert und unerschrocken Meine Meisterschaft im Hingegebensein zu pflegen. Denn aus dem Ewigen spricht sich das grosse Werden wie ein Feuerschlangenwort hinaus in neugeborene Allweiten, um dort in voller Kongruenz mit Mir der Welteninseln Myriadenzahl zu bilden und des Seins Triumph zu feiern unbedingt und leis und laut und fest und locker und voll zärtlichen Vermögens. In Mir vereint sind die bewundernswürdigsten der Geister; deren Machtbereich das Kosmische umschliesst und deren Kräfte Mich wie Muskelwerk durchweben. Ungerufen ruf Ich Mein beseeltes Halleluja in die Sphären. Taubentänzerischen Wohlbefindens lach Ich selber Mir ins Angesicht der Tage und verbreite Meines Hoffens, Liebens und Bewahrens Götter-strahl. In Meinem Lichte spielt sich ab, was in die Läng und Breite sich verspielen soll. In Meiner Gründlichkeit und Pose, sorgend und begütigend, ermuntre Ich die feurigen Gemüter Seinsgelassenheit von Mir zu lernen und gewähre ihnen Meiner Grazie Gedulden an dem grossen Werk, das, von Mir ausgegangen, in der Liebe der Allherrlichkeit sein Ende finden wird und sein holdseliges Vollenden.

5.29

Von allen genannt, allen unbekannt Bin Ich Mir selber die Tat. Immer geschröpft, nie ausgeschöpft ist Mein Wesen ein stetes Sich-selber-Bewahren Ewigkeitsbewusst und in des Herren Güte wese Ich in der Verschwiegenheit des Seins und lasse Mich darin von keiner andern Überzeugung stören. In den Himmel der Gerechten Gottes Bin Ich strahlend eingezogen und habe Mich verbündet mit dem Allerhöchsten, das da Ist das Sein in Einigkeit und Würde auf erwiesen sagenhafter Spur.

Aufgeräumt und abgeklärt Bin Ich Wahrhaftigkeit in absoluten Graden, Bin Weisheit ohne Abstrich und erkennende Gewähr von unermessnem Fluten. Ich halte fest, was andere schon längst verlassen haben, und lasse fahren, was dem resoluten Fahrenlassen zugehört. Nichts zu verbrämen ist Mein Takt im abergrossen Willen majestätischen Befragens.

Was Ich jemals lernte, ist im allbewussten Sinngehalt, den Ich vertrete, aufgeschrieben. So anempfehle Ich Mich der Gelassenheit in Meinen Runden, wie der Zartheit und der Ebenmässigkeit der Wonne, die Mich immerzu beseelen. Meine Tugend ist die Unbeschwertheit, die mit Mir ins Grenzenlose geht, allwo Ich schweigend in Mir weile und des warmen, vollen Glücks geniesse, das Mir zusteht als dem Heil an sich und der erklärten Heiligung der Sphären.

Alle Lieblichkeit der Welt ist in Mich eingeschrieben, und die Schönheit dessen, was Ich unternehme, ist zum Sprichwort Meiner Dienerschaft geworden.

Ich kredenze Qualität, von nie versiegender Bravour in Meinem Seinsbegründen und erhebe alles, was da Ist zu überird'schen Wissenschaften, die in Meinem Rang und Namen stehn. Ausbund Bin Ich des Allersten wie des Allerletzten, das gerundet und gegeben vor sich selber seinen Wert bekundet. Das ist reizend, wunderschön und wird des Beifalls nicht entbehren aus den Reihen der Bewunderer, die Mich in Meiner Eigenart erkannt und hochgejubelt haben.

Es walten die Gedankenkräfte, die dem Leben Regelmässigkeit und Sinn verleihen, wie das rechtliche Gespür, mit dem Es Ordnung schafft und hocherhabnen Frieden.

Ich wähle, und die Wahl fällt auf glückseliges Beginnen und Vollenden einer Schöpfertour, die in der Allbewusstheit seinen Nennwert findet und darein den Odem namenloser Güte intoniert.

5.30

Ich Bin und Bin und Bin das Sein in silberhellen Seligkeiten, Bin das Wahrhaftige in ausgeprägter Lebenstüchtigkeit und Grazie des Erscheinens. Sphärenharmonie und Weisheit sind Mir inne ebenso wie auserlesne Güte und Barmherzigkeit im Umgang mit den seelenvoll geschaffnen Weltenwesen.

Meine Stärke ist der Freiraum, dem Ich allweit angehöre im Bewusstsein Meiner Sinnkraft, die Gedankenschärfe ist und liebevolle Herzlichkeit in wesenhafter Dichte und begeisterndem Elan. Ich vereine alle Rechte, die da sind und hoffnungsfroh in vollem Glanz erscheinen. Siegessicher ziehe Ich allüberall dahin, um Meine Schöpfertaten aus dem Füllhorn der Unendlichkeit ins Dasein auszugiessen. Ich steh am Anfang wie am Ende Meiner Kapriolen, als ein Herold der Glückseligkeit in Meinen Wundern und gewähre Mir in jeder Seinsgestalt den Wohllaut des Entzückens an Mir selbst, sowie Ich in ihr die Vollkommenheit errichtet habe.

Das Exquisite bauscht sich in Mir wie der Seidenrock der Schönen, die zum Liebestanze lädt, in dem sich alle Seligkeit der Welt voll Grazie verströmt und der Erfüllung Vorschub leistet eines Märchenzaubers von erlesnem Wohlgeraten.

In Schönheit, Sagenhaftigkeit und Würde weiss Ich Mich ins rechte Licht zu setzen, überlegen und gekonnt, geschmeidig und der Tapferkeit verschworen, wo es immer gilt, Mich durchzusetzen auf der freudesprühenden Kometenbahn.

Lächelnd lass Ich alles Seinsgetriebe wieder fahren, um in inniger Gelassenheit die Herzensruh zu pflegen, die Mir Wonne und Glückseligkeit beschert in wunderbar beschwingtem Weilen. Denn Meine Urgewandtheit ist das Sein und Meines Seins Gefieder ist die Leichtigkeit und Heiterkeit, mit der Ich silberhelle Räume des Elysiums durch-schwebe. Ewiger Gefilde Blühn und liebenswürdiger Gestaltung Wohlgestimmtheit füllen Meine Träume von dezentem Wohl und von erwiesner Wohlfahrt am Geschick, das Ich Mir generiere.

Voll Anmut lass Ich, was Ich Bin, in Sphären reinen Lichts verfluten und im Wunder von beglückten Ewigkeiten friedevoll und heiter in sich selber ruhn.

Glückseliges Gestilltsein

6.1

Widersage der Versuchung, etwas sein zu wollen, und du Bist in Reinkultur und ewiger Frische Meines Seiens Unterpfand und Lob. Lerne lächelnd und getrost zu resignieren und Ich leuchte in dir auf als Sonne der Dreifaltigkeit im Heil der Stunde, liebeswarm und wach und wunderschön.

Verschmitzt und heiter trag Ich dich durch Meine Sphären maienduftenden Erspriessens und gewähre dir den Blick auf was Ich Bin als Ränkeschmied und wonnestrahlender Rubin.

Unterwirf dich Meinem Sagen, und die Dinge deines Gastrechts auf der Erde werden sich verklären.

Tiefgefasst und märchenträchtig wird dir alles, was dir durch den Freudentag entgegenkommt im Nimbus, den die Dinge um sich angereichert haben.

Denn es steht geschrieben: Nicht den Schein, die Wahrheit sollst du finden, die aus dem Inneren erstrahlt in Schönheit, Wertbeständigkeit und liebenswürdigem Sich-selbst-Vergeben.

Mein heiliger Atem weht allüberall, wo sich die Wesen voll Vertrauen an Mich wenden, wo sie Erkenner Meiner Güte sind und Meinen Sternen am Gewölbe der Unendlichkeit Bewunderung entbieten.

Richtung ist in Mir und zauberhaftes Ziel, weil Meine Wege zum glückseligen Brodeln deines Blutes führen, in Erfüllung einer schöpferischen Vision, die deiner Neigung, Fähigkeit und Kraft entspricht im Schaffensrausch, den du dir angetrunken. Ich mache mit, wo du geruhst, ein Werk der Anmut, Friedefertigkeit und Weisheit zu verrichten. Denn nur Meiner Kräfte Stoss verleiht den Dingen Überlegenheit und Witz der Genialität, die immerzu besticht, beglückt und fähig ist, den Augenblick mit A und O zu krönen.

Trau dir das Fabelhafte zu vollbringen zu und du wirst staunen über deiner Hände Werk und wirkendes Begaben. In deinem Naturell ist Meines Tiefsinns Unerforschlichkeit verborgen, der sich allsogleich im besten Lichte präsentiert, wenn du ihm deine Türen öffnest in der ruhigen Gewissheit seines Gegenwärtigseins. Mach dir nichts vor, wenn du dich anschickst, wahre Werte in der Welt zu finden, denn die köstlichsten der Schätze birgt Mein strahlendes Gewissen. Ich will sie dir verschenken in dem Mass, wie du bewusst und wach, feinfühlig und vertrauenswürdig wirst im Sinn der Seinsphilosophie, die Ich vertrete.

Am Beginn steht die Begeisterung und Meine Morgengabe der Verheissung grandioser Zeiten und Geschicklichkeiten. Das Ende ist die Ruh im Schweigen der Unendlichkeit und das glückselige Gestilltseins der Gelassenheit in Mir und Meinem unerschütterlichen Frieden.

6.2

Mir ist das Offenbare im Geheimnis Meines Seins gegeben, das Liebeleichte im Vollziehen Meiner Kür. Wohlgestimmt und ewig heiter tret Ich dazu an, die Seinsstruktur in ihrem innersten Gehalt zu hegen und zu pflegen, zu nähren und zu heiligen und ihrem blütenreinen Siegeslauf Gewinde um Gewinde zuzufügen. Besondre Werte leg Ich Meinen Innenräumen zu, wo sich das Seinsintime abspielt in bewundernswertem Wohlgeraten. Mit dem Diadem geschmückt des unabhängigen Geniessens, leuchte

Ich Mir selber heim zu unerhörten Abenteuern des vergeistigten InMir-Verweilens.

Vollkommen frei im Über-Mich-Verfügen, leg Ich Mir die Fährten Meiner Wanderschaft ins Grüne sagenhafter Zeitenfolgen, die von Meiner Willgewandtheit und der Schönheit Meiner schöpferischen Phantasie erzählen. Meisterdinge lass Ich blühen in der Schöpfung Arsenal von staunenswerter Güte und von einem Liebreiz sondergleichen, der den wachenden Betrachte; der Ich Bin, betört bis in die letzten Fibern. Ich erwecke myriadenweis Gefühle der Verwunderung und Ehrfurcht in den Wesen Meines Waltens und errichte Meiner Traulichkeit bedeutungsvollen Thron in ihnen.

Allem, was Ich Bin, entbiet' Ich Meiner Schätzung Liebeslied in langgezogenen Sentenzen und bedeute Mir der unerschütterlichen Frohmut Zierde in den Hallen Meines LichtVerwehns.

Glückauf, ruf Ich Mir in verwegner Deutung Meiner Situation entgegen und bewahre Mich davor, auch nur in die geringste Unbotmässigkeit zu sinken. In Meinem Aufruhr ist der Siegeskuss verborgen und der Kranz von graziösen Händen mir auf Haupt und Stirn drapiert, der Selbstverständlichkeit der Glorie zu genügen.

Ich hinterfrage nie, was Mir gelungen, denn die Blüte Meiner perlend hingeworfnen Phantasie währt ewig und gebiert Entzücken, Hoheit und bedeutendes Verlangen, mit Mir gleichzuziehn, Der Kataster Meiner Pläne ist ins Unermessliche gewachsen, seitdem Ich Mir gedankenvolle Seinsbewusstheit anbefohlen habe.

Hüter Meiner selbst Bin Ich in der Empfindsamkeit, die Mich dazu bewegt, in allem, was da Ist, den

Zustand des Gemüts herzinnig zu erfühlen. So wes Ich als des Allgefühls Standarte unter den Geliebten Meiner Zünftigkeit und Bin immerzu gehalten, das Abbild Meiner selbst aufs allerbeste zu vergüten.

So komm Ich Mir mit Vehemenz entgegen, Gemeinsamkeit und Liebenswürdigkeit zu pflegen und gewähre Mir, was andern nicht gewährt ist, im gestaltenden Elan, den Ich Mir auferlege. Holder Andacht Minne trägt Mich unentwegt voran im Bilden von dezenter Herzlichkeit und namenloser Glorie Meiner Seinsbezüge.

Ich belehre, aber Ich verletze nie und halte sorgsam Mein Gewissen offen für die Nöte, die da sind und sind geflissentlich zu heilen. Ein Tränenschauer geht dem Willen, dich zu trösten, stets voran und lässt das Linde und Versöhnende voll Zärtlichkeit aus Mir erspriessen. Die Mitte Meiner selbst ist Ehrfurcht und Barmherzigkeit in wundersamem Sich-Verstrahlen.

So verschenke Ich Mein Sein an die Allherrlichkeit der Sphären, die Ich Bin und führe Mich in Redlichkeit zur Würde und Gefälligkeit des wunderbar gestillten und gesitteten Verehrens.

6.3

Ein Naturtalent will leben und sich tief beglückt in höhere Hände geben. Es wachen die Geiste; es machen die Geister in dir, was sie wollen und was ihres Sagens Gebärde ist. Liesest du hier die Weise hoher Einsicht, stammt sie von dem der Ist in dir und Mir und der Ich Bin und sein darf nach dem Mass unendlichen Gewährens. So gelange Ich dazu, Mich in der All-Gemeinschaft zu behaupten, als in sie geschrieben mit den Flammenlettern reinen Seins, die alles Wirkliche begründen.

Kann Ich so Mich selbst sein, find Ich Mich zutiefst beglückt im Allbewussten wieder, das sein Banner über alle Sterne hebt und aller Himmel Zartheit Ist und weihevolles Krönen. Seiner Seligkeit dahingegeben, wes' Ich still und laute; feierlich und liebevoll dahin und bewahre Mich entzückt im Ewig-Guten.

Eine Welt erhabner Anmut weitet sich vor Mein Gewahren und erheischt Bewunderung und tatenfrohes Mittun am Gebäude der Allherrlichkeit von Gottes Eminenz und Gnaden. Schicht um Schicht enthüllt sich Mir in wesenhafter Dichte wie in lebensfroh verteiltem Gütestrahlen. Feinheit, Reinheit und Gewissenhaftigkeit der Seinsgedanken prägen Mich und heben Mich goldrichtig himmelan in wundervolle Ewigkeiten. Seinsvertrauen wirken sie und liebevolles Sich-Begegnen auf erhabnem Pfad der Einheit aller Dinge und Gewalten.

Was Ich zeigen wollte, ist das Wesensein der Lüfte, das im Atemholen sich verdient macht auf dem Menschenplan. Es reichert wirklich an zu einem Reichtum ohnegleichen, dem Ich wohlbedacht und heiter, liebelicht und unbeschwert willfahre.

6.4

Ich unterweise wie im Himmel so auf Erden voll Entschiedenheit des Kaufmanns, der in Zahlenreihen sich ergeht und seiner Einkunft Bild sich stets vor Augen hält im klugen Disponieren. Meine Kunst ist es, nichts zu vergessen, damit Ich über jede deiner Taten sicherlich ein seinsgerechtes Urteil fällen kann, das Meinem Weiterschreiten in dir förderlich und angemessen ist, in wunderbaren Zügen.

Wer zahlt, befiehlt, und was Ich alles dir bezahle, weiss nur Ich im Lebensritual. Und so brauchst du dich nicht zu wundern, wenn Mein Wort in deinem Tatendrang sich auslebt in bedeutungsvollem Insistieren. Ich erfahre und bewahre, was sich ziemt in Gottesgründen. Mein Erfolg besteht in weisem Aneinanderfügen der Gedanken, deren Sinnkraft sich den deinen einfügt in der Stille des holdseligen Bewährens, Was Mir beliebt, ergibt sich aus der Niederkunft der Sphären in dein Reich des kleinen Bürgertums und der bezaubernden Affairen. Ich mache vieles gut, was dir noch fehlt, indem Ich dir die Mängel an der langen Leine vor die Augen halte, bis du sie erkennst und bessere Wege gehst in deinem Dich-Verglühen.

Was im Einstand sich versät, wird Lust und Liebe ernten in der Lebenspraxis, die Ich ihm gewähre. Sei und sei bewusst dein eigen Sein und Spiel, worin Ich dir von Himmelsseligkeit im Freudenreich erzähle.

6.5

Was Ich kenne, kennst auch du, wenn du nur tief genug zu graben weisst in deinem strahlenden Erinnern, das das Meine ist im allerletzten Inbegriff des Angehörens. Du weisst, weil du dem Seinsgewissen angehörst, und hast die Möglichkeit, dich zu erinnern, wenn du dich er-innerst und im absoluten Stillesein erfährst, was zu dir spricht in gütevollem Dich-Beraten.

Wie einfach und wie herzensfroh vernimmst du, was Ich meine, wenn die Dämme der Vernünftelei und

Widerborstigkeit gefallen sind und nur Mein Wort besteht in wunderbarer Klarheit des erkennenden Elans.

Sieh Mich als Grossmogul auf seinem Thron und nenne Mich Souffleur von allerhöchsten Graden, der, in Amt und Würden eingesetzt, Mein Ideal vertritt in aller Welten Lebenslagen. So sprech Ich Weisheit in die Seelen der Verklärten und erkläre Mich in absoluten Lettern als die absolute Wahrheit, die Ich Bin und die nicht umgestossen werden kann. So sag Ich dir, du Bist des Seins Gewittermacht und Gnade, Bist Seiner Fülle Pracht und Seines Rollens Sesamtor zu allen Schätzen der Unendlichkeit und Myriaden seienden Ikonen.

Sowie die Kräfte deines Denkens zum Erkennen sich gewandelt haben, tittst du ein fürstlich Erbe an von Mir und schaust die Sinnkraft Meiner Strategie in Reinkultur.

Wunderbarer Weise führ Ich dich in die Bezirke Meiner märchenhaften Kür im Ewigen, damit du teilnimmst an dem lichten Sinnkreis Meiner selbst, den Ich dir seelenvoll bereitet habe.

6.6

Nie verstummt und immer angemessen Bin Ich den Ereignissen, die Ich kreiere. Wahrhaftigen Geblüts betrage Ich Mich wie ein Herrscher auf dem goldnen Thron, den alle Welt umjubelt und in seinen Rechten liebt und ehrt. Die Schar der Seinserhabenen, die Ich um Mich versammle, wächst im Rhythmus der Verständigkeit, die um sich greift, im Grund der wachgewordnen Seelen. Ihnen ist's zu danken, dass das Weltbild mählich, mählich sich verändert und ein Mehr an Geistigkeit sich etabliert. Sowie sie sich im Sein gefunden haben, atmet ihr Bewusstsein volle Klarheit im Allhier. Sie erleben sich in unbegrenzte Weiten ausgegossen und erheben sich zu einem Glücksgefühl von liebelächelndem Genügen am erfüllten Dasein, dem sie innewohnen. Immerwährendes Erhobensein in weite, lichte Sphärenfahrt, dessen sie sich rühmen dürfen, wie elysische Gestilltheit ist ihr Los in strahlenden Unendlichkeiten.

Traue dir den langen Atem zu, dies zu erreichen, und erfrische deine Tage mit beseelter Duldsamkeit an allem, was dich in der Sinnkraft des Geschehns durch sie bewegt.

6.7

Väterlichen Herzbefindens leg Ich dir vor Augen, wie die Mühsal allen Lebens schliesslich zur Erbauung führt des Innendoms in deinem Dich-Umgrenzen, der alle Labsalin sich birgt und das Selige im seligen Gewahren spürt, dasdu ihr bereitet hast in deinen Liebesgründen. Es kommt die Zeit, sie ist schon da, in der du dich begreifst, indem du feierlich erfassest, was wirklich in dir Ist und deinen Aktionen.

An Vaterstatt tret Ich in deinen Runden und begütige dein Ich, wo Ich nur kann, um dir den Weg zu ebnen in Mein Reich der hunderttausend Seinsgelegenheiten. Du fühlst „Ich Bin" und fühlst es schon im nächsten Augenblick nicht mehr. Hier soll sich keiner Meiner Integration entziehn in unerhörte Räume des bewussten Handelns und Gebietens,

Nutzbar-Machens und des Erfüllens einer Pflicht von sagenhafter Grösse.

Vater, Dein Wille geschieht, darf Ich sagen, auf jedem Gebiet, das die Menschen errungen haben. Ich lege Mich hin, du schreibst Seinsgeschichte in Mir, noch wenn Ichs verschlafe.

6.8

Erschien euch schon der Aufstieg Gottes, so ist er jetzt und immer und wir dürfen jetzt und immer von ihm zehren. Ich sage dir, sei fromm und gütig, denn die Ehrfurcht vor dem Herrn schafft eine Atmosphäre warmen Frühlings in den Seelen, und die Güte zu den Menschen macht das Leben angenehm, lässt keine Widersprüche sich entfalten.

Millionen Lebensflämmchen seh Ich leuchten, die bewusst und heiter ihren Dienst am Weltenwohl versehn, indem sie sich dem Willen ihres Schicksals fügen. Bist du eins von ihnen, soll die Fülle Meiner Gnaden dir ein Trost sein, die für alles sorgt, was dich bewegt und was dich weiterbringt auf deinen Pfaden. Reihst du dich ins Reich der Gotteskinder ein, so geht dir alles leicht und leise von der Hand, was Ich dir zu tun befehle. Wie im Märchenreich gehst du einher im Dschungel deines Lebens und verirrst dich nicht, weil dich die Herzenssonne strahlend führt zum endlichen Erfüllen deines himmelhoch gesetzten Ziels.

6.9

Wirkungsvoll und weise wirkt die Göttlichkeit in deinen Gründen. Seinssensibel werden ist ein unerhörter Anspruch, dem nur der gerecht wird, der voll Liebe und Gelassenheit im Leben steht und selber sich vergisst in seinen wohlbegründeten Ambitionen. Das Schweigen neu erfinden steht dabei zuoberst auf dem Plan, und das allein lässt alle Gottesdinge sich aufs trefflichste entfalten.

Die Reederei braucht Schiffe gross und schwer. Doch dass sie auf dem Wasser stehn, wird ihnen Hohlraum in verschwenderischer Fülle beigegeben. So der Denker muss sich Hohlheit anerziehn, damit ein Höheres sie fülle, lichterloh und wunderbar. Die Schenkkraft des Allewigen ist unbeschreiblich liebenswürdig, wonnesam und licht in ihren Zügen. Der von ihr Begabte braucht nichts mehr zu tun, als die gesandten Gaben einzuheimsen und sich ihrer aufs erquicklichste und schönste zu erfreuen.

Der Schwall der Worte setzt sich wie von selber zu Gestaltungen zusammen von erhabner Eigenständigkeit und Pracht und Lehrkraft in vollendetem Genügen. Alles Unerfüllte wird belebt von Trautheit und Entzücken am erwartungsvollen Spiel der tausend Möglichkeiten, denen immer neu das Aufblühn einer Wirklichkeit genügt von Schlichtheit und Wahrhaftigkeit in still beseeltem Glänzen.

6.10

Ich überwalte, was Ich Bin und was Ich Mir in Wesenskraft errungen habe. An der Spitze Meiner Inkarnationen seh Ich Mich als wachen Wächter über Meine Angelegen-heiten, die unwiderruflich und galant ins Myriadenfachegehn. Gestützt auf Meine selbsterrung'nen Werte geh Ich einer Zukunft der getragenen Allherrlichkeit entgegen, die Mir nichts zu wünschen übrig lässt in Meinem unerhört gediegenen und würdevollen Lebensstil. Ich fache Feuer an, die in Beharrlichkeit und wacher Treue zu sich selber ewig brennen und der Nahrung aus des Seiens Gunst und Güte nimmermehr entbehren. Ich begleite Mich durch alle Zonen Meines Auferstehns zum Lichte, das in Weisheit und Erbarmen an die Welten sich verstrahlt.

6.11

Voll Andacht vor der eignen Kür, erlange Ich bewusste Kunde von dem Fortschritt, der in aller Welten Gründlichkeit geschieht und der von Wesen zu Wesen Flammenlicht verbreitet, liebevoll und unfehlbar.

Mein überirdisch Ich zu pflegen ist Mir eine Wonne ohnegleichen, denn so fass Ich Mich in der Unendlichkeiten fabelhaftes Spiel. Gehorchen und Gebieten legen sich in Mir zusammen zu des Selbstbeherrschens Grazie in unbedingter Treue zu den Daseinsidealen, die Ich Mir ersonnen. Seit Urzeiten walle Ich voran in grandios gefächertem Verfügen über Kräfte, die das All in seiner Fülle und Gewissheit generieren, generieren auch in dir, als Teil der abergrossen Einheit, die Ich Bin in winzigen Partikeln wie in Ballungen von Weltensonnengrösse, die sich überbieten in Gewichtigkeit und Zahl.

In allen Reichen ruh Ich in Bedeutsamkeit und Milde, die Ich Mir erschuf. Auf den Wegen des glückseligen Michselbst-Behauptens wandle Ich äonenlang dahin und überlebe Mich in immer neuen Generationen von Verbindlichkeiten, glanzerfüllten Wesen und Errungenschaften von begehrenswerter

Wucht und Zartheit in den Niederungen Meiner Höh'.

Ich wirke fest begründet in Mir selbst das Schöne an sich und verwirkliche, was immer Ich Mir dazu auserseh' zu sein im Wohllaut Meiner Tugenden, wie in der Heiterkeit und lichten Wohlgefälligkeit der Göttersphären.

6.12

Die liebelichte Weise Meines Auferstehns in deinen Gründen soll dir Anlass sein, dich unvermittelt an das Allgemeine zu vergeben. Denn so sehr du dich zentriert hast in der eigenen Person, so sollst du wieder aufgehn in der Allerhobenheit des Unpersönlichen, das deine wahre Heimat ist und war in liebevoller Klarheit des Begreifens. Bist du im Zustand der Bewusstheit in Allweiten, darfst du namenlose Seligkeit in dir verspüren, die nichts andres von sich weiss als himmlische Gelöstheit und Geborgenheit in einem Medium der allgemeinen Güte und Geselligkeit von wunderbarer Eintracht, Innigkeit und liebenswürdigem Benehmen.

Einzelgängerisch und allgemein zugleich Bist du als Sein vom Sein das Wesen der Allherrlichkeit, das sich in Seinen Kräften sonnt und sich in Freiheit gönnt, was es sich zur Erquickung auserlesen.

Genial, brillant und heiter Bin Ich Mir in einer Schau von unerhörten Gnaden, die von Höhn herniedersteigen überirdischer Prägnanz und Feinheit des Sich-selbst-Bewahrens. Ich hüte Mich davor, gebieterisch, verlangend oder unduldsam zu sein, um Meine Wissenschaft zu mehren. Es kommt, es geht, was Mir so frommt in seinsnatürlichem Zerfliessen und gestaltet sich nach eigenwilligen Gesetzen auf und nieder, hin und her zu Prunkgebilden und melodischen Sentenzen von berückender Gediegenheit und Qualität.

Lerne laufen, indem du gehst, darf sich der Weise sagen und der Geläuterte wird leis in seinem Sein, um hinzuhorchen auf die feinen Regungen, die ihm von allem Kunde geben, was da Ist und sich bemerkbar machen will in unermesslichen Bewusstseinsgründen.

Ich trage bei und trage auch davon mit reichgefüllten Händen und mehre die Entschiedenheit und die Glückseligkeit des Seins voll Liebe, Licht und Frieden, die dem Inhalt Meines Seelenseins entsprechen. Unendlich Weilen, Absolutem zugetan, ist Meines Daseins Alphabet und Meines Seiens heitere Natur, in der Ich Mich bewusst und seliglich verschwebe.

6.13

Dein Geschenk und Deine Gnade offenbaren sich in Mir geheimnisvoller Weise, licht und schön. Ich baue auf Dein Wort und traue Dir im Aufwall liebenswürdiger Sentenzen, die von Sein und Leben was verstehn.

Gewandt und heiter tret Ich ins Erscheinen, langgedehnten Zeitenatems, treu dem Werk, das allweit unter Meinem Stab ersteht, von Wort zu Schöpferwort bedeutender und unerschöpflicher geworden. In Meinen Sphären öffnen sich die Schleusen lebenslustigen Verflutens, derweil Ich die Ideenfülle Meines Glühens in Allweiten fahren lasse. Das Irdische ist nur ein winz'ger Ausschnitt aus dem überwältigend ins All geschriebenen Panoptikum, in dem Ich Meiner Kräfte Seim und Sagenhaftigkeit verspiele.

Gerührt und seelenvoll steh Ich inmitten der ereignisvollen Szenerie von Meinen Gnaden und erbarme Mich der schicksalhaften Lebensstränge, die von Generation zu Generation durch die Äonen um sich greifen, in Bewusstheit, Tatendrang und Stil. Das Wesenhafte trägt das Siegel der Verwunderung an seiner eignen Schöne und empfiehlt sich einer Obrigkeit, die jedem noch so fernen Sternklang innewohnt und ihr Allgegenwärtigsein in Glanz und Glorie galant und pausenlos vergütet, um sich selbst an jeder Stelle des Erscheinens unbedingt im rechten Licht zu sehen. Weihe an Mich selbst nenn Ich den Zauber, den Ich unentwegt um Mich verbreite. Er entspringt dem freudevollen Überborden, das der Fülle Meiner Seinspotenz wohl ansteht und den Drang befriedigt nach veräußerndem Begehren.

Würdig ist zu ruhn, was sich im Grandiosen statuierte. Als Meister hinter jeder Meisterschaft ist Mein Gelass der Inbegriff der Seinsgelassenheit und des erklärten Aufgehns in Glückseligkeit und Frieden. Ich Bin Mir selber Ort der Himmelszärtlichkeit und Liebe, die in sonnenlichter Grazie sich verstrahlt und vom Entzücken kündet, das in Meinen Sphären sich verwaift und dem Gemüte innewohnt, das Ich verwalte.

Absichtslos und ewig heiter ist Mein Sein im absoluten Schweigen, das Ich Mir gewähre in der Sphäre reiner Ruh. Linden, milden Glutens anerkenne Ich den Schmelz des Abschiednehmens und lass die Sonne dieses Freudentags in Anmut und Verklärung untergehn.

6.14

Siebenfach der Ausfluss Meiner Künste aus dem Born des leidenschaftlichen Bestrebens, wahr zu sein, bezaubernd und gediegen. Der Richtwert Meines Handelns ist vom Geist der Unbescholtenheit geprägt, der Reinheit der Gedanken, wie der Heiterkeit, die Meinen Werken allen Charme der Welt verleiht, sowie die Kraft der klaren Definition und das gewisse Etwas, das sie in die Reihe der Gebilde fabelhafter Schönheit und Vollendung, Grazie und Ebenmässigkeit erhebt, die jederman wie nicht von dieser Welt erscheinen.

So fügt es sich, dass Meine Wirksamkeit in allen Zonen Freude zeitigt und Bewunderung, weil, was Ich erschaffe, ewiger Jugendfrische, Munterkeit und Fabelhaftigkeit entspringt, die ihresgleichen suchen, Absolute Freiheit des Gebarens ist vonnöten, um dem nie vordem Geborenen zum Aufbruch und Erscheinen zu verhelfen, die entzücken, weil sie ungeniert den Geist des Echten, Genialen und Begeisternden in alle Winde tragen.

Verheissung grosser Zeiten liegt in allem, was Ich offenbare, auch in dir. Was geschehen soll, geschieht, und was geschehen ist, zeugt Friedefertigkeit und Lebensweisheit, Ebenmass und Glück in reicher Fülle in den Himmeln der Wahrhaftigkeit, die Ich in aller Welt kreiere. Wie du sie sehen magst, ist deiner Welt Begreifen und Empfinden und so ist sie in Meiner eine Kammer der Glückseligkeit, ein Horizont von Zuversichtlichkeit und Seelenstärke und ein nimmermüdes In-die-Ferne-Schweifen in der Grazie der Zeit, die alles überbietet, was vordem an Lieblichkeit und Seinsnatürlichkeit geschehn.

Ich raffe Mich zusammen zu der einen Signatur der Unverletzlichkeit und Grösse, der Behutsamkeit und Seelenaugen-frische, die Mir eigen. Auf die Wahrheit kommt es an, und die Wirkung wird nicht auf sich warten lassen in den Reihen der Bewunderer und Lobliedsinger weit und breit im Allbegründen.

6.15

Langen Wartens Eigenart und Stil ergibt ein Resultat von wunderbarer Dichte des Gestaltens und Erhaltens einer Ansicht von der Welt, die heiter ist, gediegen und vollendet schön. Wer kann sich nicht für eine Wende im Geschick erwärmen, die ihm Entschiedenheit, gefasstes Denken, Reinheit der Gefühle und Holdseligkeit beschert in seinen Seelengründen. Ich Bin's, der allem diesem in dir Vorschub leistet, unbemerkt und wissentlich, hochgebenedeit und wahr. Du hast dein kleines, personales Ich zu zähmen, dass du Mich erreichst, das Ein und Alles der Gezeiten, das Erhabene in Seinsiasur und das berückende Agens der Güte, das im Zeitenlosen thront und seine Sinnkraft überall versprüht, wo Herzensfriede herrscht und Feinheit des Empfindens.

Glanzvoll wie der Sonne Strahl tret Ich ins Allgemach der Welten und verwandte, was da Ist, in einen Garten der Bekömmlichkeit am Sein und Weben, Pläneschmieden und Berichterstatten über jede Regung des erschaffenden Gemüts, das sich voll Wonne seiner Fähigkeit bewusst wird, aus der Unergründlichkeit des Seins hervorzutreten, um das Abbild seiner selbst vor die Gemeinde der Verklärten hinzulegen.

Was sich als redlich und gewissenhaft erweist, wird immer weiter dringen ins Gefüge des erweckten Weltbewusstseins, das Ich in Mir trage. So gewappnet und gestählt, geh Ich den Pfad der Selbstverständlichkeit hinan durch Generationen und Äonen und erlebe Mich als frei und friedevoll in allen Daseinssituationen.

Heimkunft spinnend lade Ich Mich ein zum Gastmahl ewiger Glückseligkeit in Meiner Wesensmitte und Bravour und webe Trautheit, Himmelszärtlichkeit und Liebeslicht in Mein Befinden.

6.16

Liebewärme schmilzt den Gram, der auf den Menschengassen lastest und den Gemütern Ruhelosigkeit diktiert. In Christi Rang und Namen tret Ich in der Zeit hervor als Opfer der Versöhnung, Vorbild reinster Menschlichkeit und königlicher Seelenhirte in den Göttersphären. Seine Liebe ist der Balsam für die Wunden, die die Selbstgefälligkeit ins Völkerheer geschlagen. Er befriedet jede Herzensunruh und erhebt es zum Vertrauen auf die Güte des Allhöchsten, der Ich Bin in Mir und allen Meinen Gliedern.

In Seinspotenz und Milde ziehe Ich das Weltensein voran, dem Ich Mich eingeschrieben habe. Mit strahlendem Gewinn erfülle Ich die Tiefen und erfülle das Verwünschte mit der Einsicht, dass die Kräfte des Genesens unerschöpflich sind und jede Unbill von dir wenden.

Meister Bin Ich in der Liebe Lichterscheinen, Strahlender in der Holdseligkeit des Himmels, den Ich Mir zum Bleiben auserwählt. Ewig seinsbewusst und heiter hab Ich Mir den besten Teil erwählt im All der glänzenden Gestirne, Wesen und Ideen, deren Seinsgemeinschaft Meiner Würde Anhang ist und Meines liebevollen Lächelns Grazie im unermesslichen Begreifen.

Nichts kann über das Allhöchste triumphieren, das Ich Bin in Meiner Seinsbeständigkeit, Wahrhaftigkeit und Würde des Bestehns. Jeder Furcht abhold, geleite Ich Mein Wesen in den Wesen der Natur und Menschlichkeit zu immer höherer Einsicht in die Dinge, die Ich aus Mir selbst erspriessen lasse. Ich zaudre nicht, Mich in der Wesensschau mit dem Alleinen zu befassen, das Ich Bin, und das sich in der Feinheit der Gedanken, wie der Reinheit der Gefühle offenbart.

Es ist der Schwung in Meinen Zügen, der Mich weiterbringt im grossen wie im kleinen Arsenal von Eigenwilligkeiten, Schluss und Trugschluss, Absicht und erschütterndem Vergeben.

Ohne Wanken hab Ich alles dieses zu bestehn in Schlichtheit und Gefälligkeit am Überwältigenden, das Mich antreibt und Mir liebevoll das Sein gewährt, wo immer Ich in ihm Mich statuiere. Oben, unten, hell und düster sind Bezirke Meines Handelns an Mir selbst in seinslebendigem Mich-Verfluten.

Als Könner überwache Ich mit Sperberblick den raschen Eindruck, eine Wende wie das radikale Anderssein im laufenden Gehaben.

Was Ich fasse, ist gefasst für Ewigkeiten, was Ich lasse, lass Ich für immer hinter Mir und pflege seliges Vergessen dessen, was Mich einst betrübt.

Die Königsfront dem Lichte zugetan, erreiche Ich Befriedung und Bedeutung im Bewusstsein Meiner

Angelegenheiten und erlabe Mich am immer-
während Beglücken, das Ich in Mir fühle.

Frei und fair erwecke Ich die Ruh in Meinen
Gründen, und bedeute Mir des absoluten Schweigens
Zierde in den Hallen der Unendlichkeit, die Meines
Seins Aufenthalt und Meines Seinsbewusstseins
Glorie und Entzücken sind.

6.17

Christi Ehr und Liebe geistet durch die Welt und
prüft die Herzen, ob sie Seinen Ruf verstehn. Sein
Mahnwort lautet: Habt ihr Meinen Leidensweg
verstanden, die zutiefst erwiesne Demut eines
Seinserhabnen vor den Augen der Verächter?
Siehst du Seiner Liebe Bluten, um des
Menschenbildes willen, das Er in reiner Würde in die
Zukunft trägt der Generationen von Verständigen,
die Seinem Geistruf folgen und von Ihm die
Auferstehungskräfte in sich fliessen lassen?
Im Personalen müssen wir, wie Er, ersterben, um die
Glorie der Götterkräfte freizusetzen, die in Wahrheit
Bildnis sind für unser Wesen. Unsterblichkeit ist
unser Teil im hehren Gang der Schöpfung.
Göttlichen Gebüts sind wir von Christi Liebeslicht
umflossen. Seinem Sange folgen heisst,
Glückseligkeit erlangen in der Schau auf eine
makellose Zukunft, frei von allem selbstischen
Getriebe, in der Götterruhe der Verklärten.
Wonnesam das Herz und reichgeschmückt mit
Frieden gehn sie als Gestillte durch die Zeit als durch
das Ewige einher und weiden sich an des Bewusst-
seins Blüte von dem Sein, in dem sie sind und leben,
das ihrer Gründe Aufwall ist und ihres Inneseins

Genügen, von dem Sein, das sie sich selber sind in warmer Fülle und Wahrhaftigkeit, im Lichte des Erkennens wie in der Holdseligkeit elysischen In-Ihm-Vergehns.

6.18

Ostern. Mein Zum-Lichte-Auferstehn muss von der Menschenwesenheit in unerhörtem Ringen nachvollzogen werden, Ich Bin der Erstling einer seinsgefälligen Gemeinde von Verklärten, die ihres Seiens Sinn und Inhalt wonnevoll erfahren haben.

Auferstehen heisst, dein unvergänglich Teil erkennen, das Ich Bin und das in Christus seine höchste Blüte feiert, als das Sonnenwesen in der Sphäre des so vielgeliebten Erdplaneten.

Was Ich Bin, sagt Christus, ist in jedes Menschenherz geschrieben und erfahren kann es nur die Liebe zum Allhöchsten, als dem Sein und Leben in der Allnatur. Dankbarkeit, Glückseligkeit und Liebe sind der Inbegriff des Seinsempfindens, das den Menschen offensteht durch Christi Tat in wunderwirkendem Genügen.

6.19

Eh noch die Sonne strahlend sich im Raum bewegte, war Ich das Wesen der Unendlichkeit, so sicher wie Ich heute Bin und Mich im Künftigen erhalte, unerschütterlich in allem, so in dir.

Und was du immer glaubst zu sein, bin Ich als Seiender von allerhöchsten Gnaden. Hast du Eigenwillen, gleich ihn Meinem an, damit die Weltendinge sich nach Meinem Sinn entfalten. Denn nur Einer kann der Überschauende und Allgewaltige und Liebende und Tiefbeglückte sein in der allumfassenden Gebärde, die ihm eigen. Walte Ich in dir, so hast du höchste Freiheit dir errungen, denn nichts Besonderes mehr hängt an deinem Wesen, es sei denn, dass du als das Sein vom Sein dich fühlst und damit Himmelswürde und Beständigkeit, Erkenntnis und Glückseligkeit des Ewigen vertrittst, in reiner Fülle und vom reinsten Liebeslicht getragen.

Ich habe zu berichtigen, dass Meine Weisheit allem überlegen ist, was sich da weise nennen sollte, und dass Meine Kräfte Urkraft sind, von keinem je gespalten.

Meines Schauens Attitüde ist Begründung deines Wohls und lächelt dir galant und heiter, hell und liebevoll Glückseligkeit entgegen. Mach es wahr, dass deine Angelegenheiten Meinen sich aufs Tüpfchen gleichen; dann herrscht Einheit, Makellosigkeit und Harmonie in dem, was du dir Bist, aus Meinem Grund gezogen. Erwärme dich für den Gedanken, dass dein Wesen Meines Ist in sagenhafter Übereinkunft, Seinsgeselligkeit und Grazie des Vereinens, das sich als das Ideal des Zärtlichseins erweist in liebelichten Gründen.

Wer sich die Gnade Gottes zum Geschick erlesen, atmet wunderbare Seinsgelassenheit und Tugend im Allhier und darf sich fröhlich, tief beglückt und heiter nennen, tagelang und wochenlang und immer, in des Lebens galoppierender Gebärde, die ihm als ein Traum von Schönheit, Liebenswürdigkeit und Harmonie erscheint in der holdseligen Natur, wie aus dem eigenen Begründen.

Mut zur Hoffnung, Auferstehn, Geduld und Tugendhaftigkeit sei dir beschieden, bis du dich rühmen kannst, auf Meiner Fährte heimzugehn ins Reich der ewigen Anmut und der hunderttausend Gnaden. Sei, und sei in Mir die Lilie wahrhafter Reinheit und Gerechtigkeit und das Idol der Liebe, die befriedet und beglückt und aller Welten Vielfalt lenkt in Meine hochgebenedeiten Bahnen.

6.20

Unbeschwertheit ist der Angelpunkt all Meines Sagens. Umerzogen hab Ich Mich zu einem Wesen, dessen liebelächelnde Natur begründet ist im Sein und in der absoluten Seinsnatürlichkeit der Sphären. Ewig kummerlos und heiter geh Ich Meinen Weg der hunderttausend Möglichkeiten strahlenden Gemüts dahin, indem Ich beim geringsten Anstand einer Unbekömmlichkeit vertrauensvoll und zuversichtlich Mein Ich Bin um guten Rat befrage. So übe Ich das Selbst-Erkennen in vollendeter Manier und unterweise, was Ich Bin, in seinsgeschliffner Weise ohne jeden Eigendünkel als getreuer Überbringer einer Botschaft aus dem Reich der göttlichen Bravour.

Da kommt Mir aller Weisheit Seim in wunderbarer Anmut und Geschlossenheit entgegen. Da öffnet sich ein Feld von märchenhafter Fülle, aus dem Ich alles frei und unbescholten ernten kann, wes' Ich bedarf in Meinen lebensträchtigen Ambitionen.

Ich baue viel und baue auf den Hauch der Inspirationen, die Mich frank und frei und fabelhaft umwehn. So darf Ich leisten in der Welt, was sich aus Weltgedankenfülle nonchalant und seinsbewusst ergiesst und was im Grunde einzig wesenhafter

Ratschlag ist in strahlender Wahrhaftigkeit und Unbekümmertheit um menschliche Parolen.

Ich leb in reinem Glücke sinngerecht dahin, darf Ich hier sagen und darauf bestehn, dass jede Geste Meines Rufens g!ückverheissende Berufung ist, das Seinsiebendige mutvoll mitzutragen.

6.21

Volle Natürlichkeit gewähr Ich dir, wenn du nichts willst als Mich und Mich in deinem Seinserfühlen. Alle Seelenkanten müssen rund, geschmeidig und geschliffen vor Mir liegen, damit Ich Lust bekomme, über deiner Sehnsucht Aufwall und Brimborium das zu beachten, was Mir von dir echt entgegenströmt an heiligem Erwarten vor der Hirnmelstür.

Christus ist der Liebesbote, der von dir den Willen überbringt aufs alleräusserste zu dienen, zu gehorchen, nichts zu sein für Eigenes, bis Ich Erbarmen finde am Gesenk der schönen Hoffnung, das du darstcllst, dass Ich es fülle mit der Liebe lichtem Strahl.

6.22

Stifte Feuer der Begeisterung am Sein und Leben und du darfst dich Seinserfüller nennen, der Garant ist für das Lohen einer schöpferkräftigen Flamme, die die Menschen einem gloriosen Ziel entgegen- führt. Nicht Resignation, Erfüllung ist uns hier beschieden, wenn wir unablässig für das Schöne, Sittenreine und Glückselige kämpfen, das in der menschlichen Natur verborgen liegt und ihr den Adel göttlichen Geblüts verleiht, wenn wir's nur recht zu überlegen wissen.

Schon die Vernunft sei uns der Ausdruck eines Höheren in uns, dem wir an sich nichts gleichzusetzen haben, und auch die Herzensgüte sollen wir als ein Geschenk des Himmels und der Göttlichkeit betrachten, die in uns wirkt, was wir uns niemals aus dem Eigensein erschaffen könnten. Nur pflegen, hegen und entfalten können wir, was als ein Keim von höherer Hand in uns gelegt und recht vertrauensvoll in unser Dasein eingebunden wurde. Was wir Schicksal nennen, ist ein unermesslicher Prozess der Weltenkräfte, der sich in uns abspielt, geduldigen Atems und stets fördernd und erhaltend in begeisternd und beglückender Manier. Es ist an dir, auf der erhabnen Welle der Begeisterung zur reiten und aus dem Leben ein dezentes Freudenfest zu ziehn, das wie ein ewig grünes Frühlingsbäumchen seine Pracht verbreitet und das Herz betört, das sich ihm hingegeben.

Einer grossen Weihe Strahl trifft den, der offen ist für göttliche Belange und für das Geistige, das doch in allem Menschensein verborgen liegt als Antrieb, Heilkraft und Garant des Wohlgelingens aller Pläne, die da zu erfüllen sind ins Künftige und Zünftige hinein im Evolutionenströmen. Du Bist und Bist der Wahrheit Zeuge Tag für Tag, indem du dich zusammennimmst zur Einsicht in die göttliche Gewähr, die dir sich dargelegt. Merk auf Mein Wort, will Ich dir sagen, und entfalte und erhalte dich nach Meines Sagens wundervollem Stil. Denn, was von Mir gegeben ist, geht einem Freudenreich von paradiesischer Gelassenheit entgegen und gewährt den Herzensfrieden und die Schau auf das

Vollendete, das Meiner Würde Anhang ist und Meines Seins Bestand seit eh und je in Meinen glückerfüllten Sphären.

Entwöhne dich dem Weltgetriebe und nimm Mass an Meiner Mässigkeit und Schlichtheit, Meinem Zug zum Ebenmass und zur Natürlichkeit in dem, was Ich Mir Bin voll Güte, Seinsbewusstheit und Vertrauen.

6.23

Eine Meisterschaft im Grünen Meiner überirdischen Gefilde ist hier ganz besonders licht und schön. Ich pflege sie in liebevollem Selbstbescheiden und betreibe damiteinen Lebensstil von wunderbarer Einheit mit dem Sein, die alles überstrahlt und sättigt, was Mir ist im Weltenschicksalsgang vertrauensvoll zum Pfand dahingegeben.

Merk auf, wenn Ich dir sage, dass es möglich ist, im Menschentum in Andacht und Ergriffenheit vor dem Unendlichen sein stilles Glück zu finden. Denn die Begeisterung am Sein und Leben führt die Seele in die Gärten des Elysiums, die in Innigkeit und makelloser Friedefertigkeit bestehn.

Bewusst und heiter wese Ich im Guten einer gnadenvollen Zeit, in der die Freudenbächlein durch die Fluren der Natürlichkeit in Sanftmut, Milde und Bewunderung des Allerhöchsten fliessen. Ein ewiger Gesang von Liebe und Glückseligkeit durchströmt Mein lichtes Sein und atmet Frische, Zuversichtlichkeit und Grazie des Weilens im bewusst erlebten Freudenton, vor dem sich alle Himmlischen in Ehrfurcht und Holdseligkeit verneigen.

Lass es gut sein, wenn Ich dir so liebevoll und dankbar Meines Seelenseins Erfülltheit vor die Füsse lege, denn es soll dir Zeuge sein vom Ausserordentlichen, das auch du erringen und erreichen kannst in Unbescholtenheit und Würde, strahlender Wahrhaftigkeit und Herzensgüte.

Das Erlebnis Meines Rauschens ist so wunderschön, dass selbst die Vöglein in den Ästen innehalten und entzückt sind vom Arom der Liebenswürdigkeit, das Ich verbreite im Vorübergehn. Die Felder blühn und grünen und die Bäume schlagen aus im reinen Weiss und Rosenrot von Meinem Hauch, der Leben ist und Gnade, lächelndes Begüten und Beseligen in immerwährender Behutsamkeit und Zartheit des Erscheinens. Ich spende, und wer Mich empfängt, wird aller Wünsche bar ins Märchenreich der Liebe und Gelassenheit geführt von Mir und von der Lauterkeit der Wesen, die Mir dienen. Geduld und Seelenstärke sind die besten Triebe in die Sphären der unendlichen Beglückung, Himmelszärtlichkeit, wie des Vereinens mit dem Sein, das allem innewohnt und das Ich Bin in Gleichmut, Liebesseligkeit und göttlichem Gelingen.

6.24

Das sag Ich dir zu deinen Gunsten, lieber, heftiger und weichgeklopfter Seinsgespan: Einwenig stolz Bin Ich ja schon auf dich. So neige Ich Mich denn als Mutter der Natur über deines Lebens Angelegenheiten und bedenke dich mit Schutz und Liebe, um zu fördern, was dir auferlegt, und um den Schicksalsweg, den du zu gehen hast, erträglich, lehrreich und verdienstvoll zu gestalten. Denn so sehr du glauben magst, dich selbst zu sein in deiner Umsicht, wie in deinem täglichen Gehaben, so bist du eben Meines Seiens Ausbund und lebendige Skulptur.

Erkennst du Mich in deinen Gründen, ist es dir gegeben, alles Leben mit besondrer Zartheit anzufassen und der Weisheit zu obliegen, das Gewährenlassen Meiner Kräfte aufs gewissenhafteste zu üben. So gereicht es dir zum allergrössten Segen, wenn du Meiner dich versiehst, um alles, was du Bist, zum wahren Fortschritt und zum unbedingten Sieg zu führen. Als Lächelnder in Meinen Gnaden darfst du unbeschadet über Dürres und durch Dornenhecken gehn. Meinem genialen Sinnspruch zu gehorchen, ist von nun an deines Willens einziger Befehl, als würdest du ein himmelhoch gegebenes Gelübde pausenlos erfüllen. Sorgsam und gekonnt beachtest du, was Ich dir auferlege und näherst dich mit unerschütterlicher Grazie Mir an, in dem liebevollen Drang, dich gänzlich mit Mir zu vereinen.

Denn, was sein wird, Ist schon in der Perspektive Meiner schauenden Verbindlichkeiten. Was gerecht ist, richtet dich, um dich dem Sternenhaften anzugleichen, das Ich Bin und das in seiner Grösse dich umfasst mit allen deinen Attributen von Vergänglichkeit und Aufblühn, von Bewusstheit und unendlichem Bestehn.

Es ist dein grösstes Glück, Mich in beschauender Gebärde zu begreifen und dich Meinem Einfluss vollumfänglich hinzugeben. Du Bist Teil der Ordnungen, die Ich begründe, als von Mir gegeben und geführt und Bist Mich selbst in unerbittlich logischem Begründen. Atme ein und du eratmest Meines Seins Glasur; entledige dich des Atems und du gibst dich Mir zurück in unwahrscheinlich feinem

Harmonieren. Fasse auf, was du erfassen kannst von Mir, und spüre die Glückseligkeit, die dich darob beseelt. Sei Mein, sei Mein, so wie Ich dein bin in den Sphären des Elysiums, in die Ich dich entführe und beglaubige auf deine Art, was Ich dir Bin in wunderbar beglücktem Reagieren.

6.25

Was immer Ich dir sagen will, ist eine Hymne auf das Leben, das Ich in den Welten und in dir vollführe. Deiner Ahnungslosigkeit Gefieder möcht' Ich tränken mit der Seinsbewussten Rede vom umfassenden Beglücken, dessen Zeuge Ich Mir Bin und dem Ich Meine Huld und Ehrfurcht gläubig, still und strahlend vor Begeisterung entgegenbringe.
Seelenselig lächle Ich den Umkreis Meines Seiens an und empfinde innig die Bedeutsamkeit der Sphären, denen alle Lebenskräfte nährend und erhebend innewohnen.
Du Bist dem Vorbild Meiner selbst entstiegen, eine wandelnde Synthese aller Gegensätzlichkeiten, die da sind im offenbaren Zeitlichen und Räumlichen ein Bildnis des erhabnen Sternenäthers, dem Ich Mit dir innewohne, grenzenlos, glückselig und gediegen.

6.26

Ich Bin das Füllhorn und die Gnade Meiner selbst im Wunderbaren, wie in des Allerscheinens fabelhaftem Richt und Ziel. Urherzlichkeit, Gewissenhaftigkeit und Stärke sind Mir ebenso gegeben, wie die Wonne am Mich-selbst-Verstehn. Unvoreingenommenheit und Spontaneität sind Meines An-Mir-Handelns sinngebietendes Beleben, Seinsgerechtigkeit und Tugend, Meines Wirkens Wahlfach und Idol.

Ich erhebe Mich zu Bergeshöhn, zu Sonnen und Planeten, Bin einer Meisterschaft Brevier, die allen Raum und alles Zeitliche umfasst mit vehement gestaltender Gebärde, wie mit unerhörter Kühnheit in der Aberabsicht Meiner Kür. Mein schöpferischer Freudenruf hallt durch Äonen und verbreitet sich in Heil und Helle über Galaxienräume hin, voll Werdekraft und unerschöpflicher Potenz des geistigen Kreierens.

Mit Posaunen und Trompeten tret Ich an, wo es Mir gilt, ein Fest der Fabelhaftigkeit zu feiern, das das Wesenhafte ehrt, in das Ich Mich gegossen. Höchster Ausbund Meiner Seinsgeschicklichkeit Bin Ich im Menschengöttertum, dem Ich den Zug zur strahlenden Alleinheit in erhabener Manier verleihe, ohne Mich im Akt der Gebefreudigkeit und liebevollen Bruderschaft zurückzuhalten.

In der Herzlichkeit der Sphären öffnet sich dem Seinserwachen würdiger Geister ein elysisches Gefilde wahren, warmen Aufenthalts in Seinsgesselligkeit, Glückseligkeit und Frieden, die Mein Anhang sind und Mein erschütterndes Symbol.

Ich trage Mich in Sylphenleichtigkeit und rauschender Begeisterung von dannen und bewirke Meines Daseins zauberhaftes Schwingen in melodischen Sentenzen und in Freudentänzen ohne Zahl, derweil der grandiose Rhythmus Meiner strömenden Intentionen Meiner Ruh entspringt in Meines Seiens innerstem Gemach. Ich appelliere an Mich selbst, Mich niemals zu verlieren und sammle Meine Kräfte pausenlos in überschauender Manier im grossen Seinsversammeln, das Ich allweit intoniere.

Makellos erhaben, glasklar, messerscharf und liebevoll ist Mein Befehl in jeder Zelle Meines Mich-Verflutens, und gerundet und gesundet ist allorten Mein gesegnetes Erblühn.

Sternenvölker richt Ich ein in folgenschwerer Flammenschrift als himmlische Gebärde Meiner selbst im Lichterstrahlen. Seinsgalant und trunken von der Sicht auf Meiner Ewigkeiten Zier, besiegle Ich, was Ich erdenke, und beglücke Mein Bewusstsein mit des Lächelns seligem Verwundern, immerzu.

6.27

Als ein anderer als du in dir will Ich Mich präsentieren aus der Grenzenlosigkeit heraus, in der Ich Bin und wese. Mach dir keine Sorgen über deinen Zustand, wenn du dich Mir hingibst als dem Geist der ewig unbescholtnen Gründe der Allherrlichkeit, denn ihm hast du jedwelchen Fortschritt und die Tugend und die alles überstrahlende Glückseligkeit zu danken, die dich wunderbar von ihm beseelen.

Die Bedingung deines Hierseins ist, dass du ihm eine Perspektive auf die ferne Zukunft hin verleihen sollst, die dich weit über Todesschatten und Verderbnis führen soll ins Seinsgewahren und damit in eine Kontinuität des wachenden Bewusstseins, die dem Wesen, das du Bist, ein neues Weltbild, eine neue Freiheit und die Schau auf Ewiges beschert, das sich in dir ereignet und erfüllt in fabelhaften Massen. Besinne dich auf was Ich Bin in dir und ersetze so in deinem Schicksal einen Punkt durch ein ins Künftige führendesZeichen, das dir alle Wege öffnet in beglückende Allweiten.

6.28

Vom Ewigen geprägt ist alles, was sich hier ereignet in der Vielfalt menschlichen Geschehns. Es offenbaren sich die Seienden in ihrer Eigenart als denkbegabte, fühlende und willensstarke Wesen, die sich das Erdenrund zum Schauplatz des Sich-selbst-Entfaltens ausersehen haben.

Nur ein allgöttlich Wesen kann „Ich Bin" in voller Würde und Bewusstheit zu sich selber sagen, als ein Manifest des Wissens um das Ewige des Lebens, das ihm innewohnt in strahlendem Vollzug.

Ihr Auftritt adelt das Geschöpfliche in liebevoller Weise, wenn sie sich mit Vehemenz auf das besinnen, was sie sind und ihres Wirkens Werte in Wahrhaftigkeit und in den Wohllaut wahrer Menschenliebe giessen.

Selbstbewusst und ewig heiter wandeln die Gerechten der erkannten Göttlichkeit dahin und wissen ihren Vorzug als ein Kleinod der Beschaulichkeit in ihrem Sinn beständig aufrechtzuerhalten. Auf das Wesentliche eingeschult, betrachten sie die Welt wie Wandelnde in einem Paradiesesgarten, der, ihrer Sorgfalt anvertraut, entzückende Natürlichkeit verströmt und sich mit ihnen stets verwandelt, einer wunderbaren Güte des Unendlichen entgegen.

Seelenstärke, Seinsgewissheit und Erhabenheit in ihren Runden sind die Attribute der Erwachten zu der neuen Ordnung menschlicher Struktur und menschenwürdigen Verhaltens. Ihre Stärke ist das Wissen um die Einheit aller Wesen in der Geisrkultur, die sie verbreiten. Ihrer Herzlichkeit Gefieder lächelt allem Sein Glückseligkeit entgegen aus dem innersten Befinden ihres Selbsterkennens und dem Wonnesein, in das sie im bewussten Dasein als Gesegnete des Allergewaltens übergehn.

6.29

Freundlichkeit und Milde lassen die Erwählten Meiner Zünfte walten, denn sie haben nichts mehr zu befürchten von der Welt der tausend Sticheleien und Durchtriebenheiten. Ihr Leben ist ein einziger Gesang und eine Lobeshymne an die Gottheit, der sie alle ihre Kräfte und ihr Herzblut unvermittelt weihen.

So sind sie der Trost der Welt in ihrem Alles-Überschauen, -Überdauern und Kein-Yota-einer-Kümmernis-Heraufbeschwören. Vollends in Mir geborgen sind sie die Geklärten und Verklärten Meiner lautersten Intentionen in den Myriaden Wesen Meines wunderbaren Waltens und Hinübergehns.

Immergrün und Rosenrot sind Meines Wappens nie verbleichendes Symbol für was Ich in der Zärtlichkeit des Seins an Mir und Meinem Volk betreibe. Die Sanftmut ist zu Gast in jeglichem Mir-selbst-Begegnen und die Herzensfreundlichkeit ein immerwährendes Mich-selbst-Empfehlen. So ist die Bürde leicht, die Ich Mir in dir aufgetragen, so folgen sich die Lebenstage in erklärtem Gleichmut und Entzücken an der Ebenmässigkeit der laufenden Ereignisse und Zirkulationen.

Als in ein Festgewand gehüllt geh Ich einher und lächle allem, was da kommt, Vertrauen, Wohlbekömmlichkeit und Zuversicht entgegen. Ich mache mit und tränke die Betrübten mit dem Balsam Meiner Milde und Genügsamkeit und Bin Mir's

altgewohnt, Holdseligkeit und Wonne zu verströ-
men.

6.30

Ich Bin Mir Meines Aufschwungs und Verleidens
Triumph und Tragödie in fahrvollen Wassern,
Schnellen, schnurgeraden Seinskanälen und gewun-
denen Mäandern, der versammelten Unendlichkeit
entgegen. Ich werte auf den Fall wie das Erheben
einer Seinsgenossenschaft der Vielen, die unendlich
vehement in Mir zum Zuge kommen: Locker und
stabil, gesprächig und verschwiegen, sinnerfüllt und
spröde in des Lebens Grossmanier.
Was Ich finde, ist für eine Ewigkeit gefunden,
wunderbar subtil betriebnen Wachsens an Mir selbst
im Allfeld, das Ich Mir zum Übungsplatz geschaffen
habe. Seinsentroller, Hoffnungsvoller, Bluter und
Besänftiger Bin Ich an abervielen Stationen Meines
Hüpfens, Schlüpfens, Fabulierens, Generierens und
Mich-selber-immer-besser-Lenkens-und-Verstehns.
Meine Sorgsamkeit gilt jedem Filigran im vor Mir
ausgespreizten Tuche, das erwiesnerweis vom Hier
ins Ewige reicht, in seinen unwahrscheinlich kühn
gesetzten Dimensionen. Kein Hasardeur, ein
wohlbesonnener Gestalter glänzender Begrifflich-
keiten Bin Ich, folgenschwer und mythenträchtig
auch in dir.
Der Blütenreiche Bin Ich im Bekenntnis Meiner
frühlinghaften Farbenzüge, die sich freudestrahlend
durch die Lande ziehn. Sanft und seeleninnig wird
Mein Rauschen in der Reife der Beständigkeit am
Leben, Weben und Erhabenen Das-Sein-Erfahren.
Unbekannt den Vielen, falle Ich Mir selber zu in

Sphären tief glückseligen Schweigens, die Mir Heimkunft sind und Sinnkraft ohnegleichen.

Wachheit, Liebenswürdigkeit mir selber gegenüber trage Ich ins Buch der Weisheit ein, das Ich beständig mit Mir trage. Zärtliches Entschweben himmelan ist Meiner höchsten Seinsbehutsamkeit Gefieder, das sich im Entschwinden auflöst in ein Meer von liebevollem Mich-Verstrahlen.

6.31

Soeben noch im Sein und dort, wo sich die Welten alle aufs entschiedenste und wunderbarste kreuzen. Eine Freude ohnegleichen zieht Mich himmelan und bestätigt Mir den Glanz und die Erhabenheit des Aufenthalts der Seele in ihrer Nächte hellem Tagen. So gleitet sie von einem Pol zum anderen erstrahlenden Bewusstseins und bezaubert sich am Sein vom Frührot bis zur Neige und vom Untergang zum vielgestärkten Auferstehn. Ihr Symbolum ist die Blüte, die Mir in unvergleichlich fliessender Lebendigkeit des Daseins Herrlichkeit erzeigt, derweil Ich Mir das Meine noch viel herrlicher bezeuge.

Es steht ein Gotteswort an deinen Türen von der Ebenbildlichkeit der Dinge, die da sind mit Dem der Ist in allen Sphären. Dies Bild des Wirklichen bedeute dir ein allerhebendes Erfahren der Einheit allen Seins von Meinen wunderbaren Gnaden.

6.32

Kampf und Sieg in Meinen Formen dichterischer Zuverlässigkeit und Daseinsgrösse. Gespielt, verspielt und wieder hochgehoben die Woge der

Verlässlichkeit auf was sich will gestalten und erhalten, transformieren und justieren.

Freien Sinns und fabelhaften Unterweisens trete Ich ins Licht der Geistergenerationen und vollbringe, was sie Mir taufrisch und seeleninnig, sanft und sicherlich besagen.

Mein Ein und Alles ist die Seinsgefälligkeit am Lauschen auf die richtungweisenden Sentenzen, die als Himmelsgabe leis und akkurat in Mein Gewissen fallen, um der Liebe willen zum Gestalten einer Welt von Schönheit und Vollendung ohnegleichen.

Ich erkenne, dass die Dinge Meines Mich-Verglühens lebensstark und lauter sind, zielbewusst und virtuos auf die Bestimmung zugeschnitten, die ihnen zukommt in der Werkgemeinschaft Meiner Lieben.

Frohe Kunde ist vonnöten, dass die Menschen ewig heiter sind in ihrem Drang zu neuen Aktionen in der mutig machenden Gemeinde der Verfechter göttlicher Ideen und Errungenschaften im Allhier.

Seinsgespan Bin Ich noch jedem kämpferisch gerundeten Kumpan, der sich in Meinen Spuren wohlfühlt und gekonnt von Meiner Grazie zehrt, die alles in die rechten Bahnen leitet und Verirrten Leuchte ist und neuerfundnes Ziel.

Anvisiert ist das bedeutungsvolle Schweigen der Unendlichkeit, in dem Ich Mich am unvermittelbarsten Bin und das Mir Seinsbeglückung, lieb und seelenvoll, beschert.

Durch die Gottesseelengassen schreitend, ganz Mir selbst willfahrend, deklamiere Ich den Dekalog der neuen Zeit in wunderbar getragenen Sentenzen all so:

1. Ich Bin Mir der Ich Bin in allerreinster Absichtslosigkeit im Liebessonnenstrahlen.

2. All-Einheit Bin Ich ungeteilten Wesens auch in dir.

3. Sein vom Sein ist alles im Erkennen Meiner geisterfüllten Spur.

4. Lebensliebe zeugt die Tugend unfehlbar.

5. Tugend zeugt Erbarmen am Geschick der Wesen.

6. Erbarmen zeitigt Ehrfurcht vor dem Sein in ihm.

7. Sein erstrahlt in Heiligkeit und Seelenstärke.

8. Welten-Ich und Gottes-Ich in eins verschmolzen.

9. All-Bewusstsein auch in dir, sowie

10. Glückselige Weiselosigkeit in ewigem Beschauen.

Urlicht steigt herauf in Majestät und Würde, Herzenswärme in der Lauterkeit der Sphären; Liebeskraft in der Beseelung der Unendlichkeit. Ich Bin und reihe Schöpferwort an -wort ins Allerheben. Ich wurde Urselbst auch in dir. Bevor der Himmel war, war Ich in dir in Geistesgründen. Vor Raum und Zeit erstand dein Bild in Mir.
Aus Ohneabsicht strömte Zärtlichkeit ins Seins-befinden. Aus Zärtlichkeit die Wesensfülle und die Allgeselligkeit in Mir. Alle Wesen, alle Diener Sein vom Sein in gütestrahlender Manier.
Sein vom Sein in jeder Phase Meines Mich-Erbildens. Sein in der Vollendung Meiner selbst in dir. Unendliche Glückseligkeit in lichterfülltem Schweigen.

6.33

Durch eigne Gnade lerne Ich erzählen, wessen Geistes Kind Ich Bin im Menschenwesen. Ich entfalte Mein Bewundern vor dem eignen Rang und Namen, der Mich prägt und dessen Überlegenheit bedeutungsschwer am Anfang steht der hochbewussten Hierarchien, die die Geisterreiche, Dienstbarkeiten, Seinsimpulse und die Wesenswelten in sich tragen.

Es gibt ja so verschiedne Lesearten für Mein Sein in deinen Tiefen. Eine ist's, in ehrfurchtsvoller Fassungs-losigkeit zu schweigen vor der Majestät, die Mir im Geisteshauch entgegentritt in einer Fülle von Gescheitheit und Beseeltheit ohnegleichen. Ich vergleiche Meiner Werke Wunderwirken mit Mir selbst und stelle fest, dass Ich ihr Wesensinhalt und Bezaubern Bin in süsser Schlankheit wie in felsenfestem Über-alles-Dominieren. Mein Taktieren und Traktieren geht so weit, wie auch die allerletzte Meiner blitzenden Erscheinungsformen sich im All verliert und treue Trägerin ist der Güte Meines überragenden Profils, sowie der Innigkeit des Mich-in-ihm-Erfühlens.

Der Gang zur eignen Mitte bedeutet so in jedem Wesen auch den Gang zu Mir, der Ich sein Ein und Alles Bin in unverwechselbarem Mich-in-ihm-Begrüssen. Sonnkraftwärme, Lichtheit ohnegleichen und Glückseligkeit an sich sind klare Zeichen Meiner Gottesebenbildlichkeit in absoluter Übereinkunft und vollendet aufgeblühtem Stil. Ich wese, und Es west in Mir im selben Mass und in derselben Würde als ein Einiges von höchstem Glanz und sammetweicher Zier. Ich weile, und es weilt versammelt um Mich einer Gottheit Garde von erstaunenswerter Dichte des Erscheinens in der Geistkultur, die Ich mit Vehemenz beschreibe und beglückt vor Mir verwirklicht seh.

6.34

Wo alles schweigt, was dir Beschäftigung und Lebensinhalt, Sorge, Trauma und Ereignishorizont gewesen, kann sich die Glückseligkeit am reinen Sein entfalten, das Ich Bin im Stand der allerhöchsten Gnaden. Limpidezza will Ich nennen, was Mich solcher Art bewegt, Auserlesenheit des Mich-Erfühlens als ein Wesen des vollendeten Gerechtseins an sich selbst und ohne jeden fremden Willen und Befehl. Die reine Güte Bin Ich in des Seins erhabenem Beschauen, des Reichtums reiner Fülle inne, die Mir zuströmt aus unendlicher Gewähr.

Allheiterkeit aus ewigem Gesunden hält Mich auf der Bahn der Wohlbekömmlichkeit am Sein und Weben. In elysischer Gestilltheit weilend, breitet sich der Geist des Friedens um Mich her und weitet sich bis ins Unendliche der Sphären. Es trägt sich Mein Bewusstsein unentwegt der strahlenden Allherrlichkeit entgegen, die Ist in einer Einheit ohnegleichen allüberall verwirklicht und geschehn.

Die Quelle reiner Liebe seh Ich aus sich selber strömen und dabei ihr segenvolles Licht allüberall verbreiten. Zärtlichkeit blüht auf in den Gefühlen namenloser Harmonie mit allem, was da Ist und seines Daseins sich erfreut in wunderbarer Eintracht mit der Wesenswelt im Seinsumgeben.

0 holde Zeit, die sich der Ewigkeit dahingegeben, o Brautgemach der Schöne, das die Seele hoch entzückt und das der Ursprung ihrer Wonne ist und

ihr holdseliges Vollenden. Dir gehör Ich an und dir gehört Mein wunderbar beglückendes Beschauen.

6.35

Ereignislosigkeit im reinen Sein ist Mir zur Blüte des Entzückens und zur Wiege des wahrhaftigen Lebens in elysischer Glückseligkeit geworden, derweil Ich ohne jede Absicht Bin und Mir die Gnadenzeit erschweige himmlischer Gelöstheit und bedeutungsvoller Daseinspoesie.

Ich hab Mir alles Recht der Welt erworben durch das lautere Erkennen, dass Ich Bin das Einzige, das Ist und das Gewähr für Unvergänglichkeit und wahre Sitte bietet für Gerechtigkeit und Liebe und für jede Wohltat, die sich wie ein ehrenvoller Schüttelreim ins All ergiesst der Myriaden Variationen, Dienstbarkeiten und Ereignisse, die von Mir ausgehn, ewig munter, stark und lebenslustig und die Mich einstens finden werden als in einer Würde ohne jede Not und in bewundernswerter Unbekümmertheit am Sein und Weben.

Die Meisterschaft im Dienen macht Mich froh in jeder Menschenzelle, der Ich Mich zum Sein bediene und zum Aufschwung in noch immer neue Höhen der Vollendung und Gediegenheit des In-Mir-Weilens. Denn die Sicherheit des Selbsterfahrens macht des Daseins Unerschöpflichkeit zu einem Fest der guten Gaben an Mich selbst in weisem Aneinanderfügen, wie in liebevollem Alles-Seiende-Begleiten durch die Unermesslichkeit der Zeit, die Mir beschieden.

Im Reich der Fülle fallen Mir die Dinge der Allherrlichkeit in segenvoller Leichtigkeit und

Klarheit zu, in die Ich Mich im Lächeln des Bewunderns allsogleich versenke, um Mich dann in ihnen aufs entschiedenste bewusst und wohl zu fühlen.

0 wie ist das Makellose schön, das Ich erlebe und das Schöne ohne jeden Widerspruch und voll der Grazie des Absoluten, das Ich Bin in wunderbarer Daseinsharmonie.

Laudate Dominum, ein Seelensang von Innigkeit und Süsse glänzt auf sanften Lippen in des Morgendämmers stillem Seinsszenario. Mein ist Dein und Dein ist Mein in der Schau auf alle Güter, die da sind gelassen um Mich her. Des Lobens ist kein Ende in der Seele wonnevollem Einsprung in das Weltgeschehn, ein Präludium besonderer Güte aus der Seinserrungenschaft, die Mir zu eigen als die Labsal, seelenvoll und rein in hunderttausend Gnaden.

Ich bewahre schlicht und schlank in Mir den allergrössten Schatz, den man sich denken kann, im strahlenden Bezug auf was Ich Bin und was Ich Mir im hell erleuchteten Bewusstsein auch bedeute. Geläutert und geschoren ist das Lamm und ohne jeden Makel, das Mir Weisung ist und Wille zum unendlichen Versöhnen mit der Göttlichkeit in Mir. Hochburg Bin Ich des Gerechtseins und der Ehrenhaftigkeit am Sein und Leben Mir geworden in der Trautheit mit dem Ewigen, das aller Werdekünste Anfang und Vollendung ist in überirdischer Manier.

Laudate in Gemeinschaft mit den Seligen, die sich im Zeitenlosen eingerichtet haben und den Jubelsang des Herzens in die Welt verströmen im vereinten Chor.

Was Schönheit ist des Weilens, hier ist es getan, und was sich in erhabenem Gelispel äussert, findet hier das goldverbrämte Resümee des Ausserordentlichen, dessen vehementer Zeuge du geworden.

Das allerreinste Sein Bin Ich im unerbittlichsten Befragen, die Morgenröte ewigen Gedeihens im von Mir bestimmten Lichttag ohnegleichen. Spirit in diamantenklaren Welten, Fabulum gesäugt vom Nektar wonnevollen Strahlens alldurchdringender Präsenz in der Unendlichkeit und Güte, die Mir eigen. Wachmut, Trautheit Mir selber gegenüber, lächelnde Gewissheit auf der Götterspur, die Ich beschreibe, seinsgewieft in Mass und Würde Bin Ich, auserlesner Würde Ziel. Blank und frank erweist sich, was Ich in Mir suche, seinsglückselig, was Mein Innesein betrifft im Grandiosen, das gebieterisch und liebevoll zugleich den Weltenlauf bestimmt in namenlos geschliffnen Wunderzügen.

Untrüglich sind die Zeichen, die den Adel Meiner Ich-Natur bestimmen. Wundertätig Meiner Boten ewig fliessende Bestände seismographischer Gewähr.

Dichte Weisheit schimmert durch Mein Seinsgefüge, elysische Gestimmtheit leiht und weiht es Mir.

6.36

Da zieht der Wille: Odem, Leben und Bestätiger der Fülle Mir zu sein in Mein Selbstbefinden, und einer neuen Seinsgeschichte Anfang ist gegeben im erstrahlenden Äon.

6.37

So enthüllt sich, was Ich meine
als des Gottes freudevolle Spur
ewig Bin Ich nur das Eine
in der Weltengeister Perlenschnur

Reine Liebe lass Ich fahren
in der Schöpfung Saitenspiel
ihren Glanz Mir zu bewahren
ist Mein unerschütterliches Ziel

Redlichkeit vor allen Dingen
sei in deinen Sinn gelegt
um Vollendung zu erringen
die ein jedes Herz bewegt

Und in Meine Sphären führet
wo es, wunderbar gestillt
Seinsglückseligkeit verspüret
die Allweiten liebevoll erfüllt

6.38

Im Grenzenlosen findet sich, was sich so sucht. Es
ist der Seele Sehnsuchtslangen nach dem wahren
Sein, das ihrer Würde und Erhabenheit entspricht,
derweil Es wunderbare Freuden lässt in ihre Weiten
fahren.
Soweit Ich sinnend Meine Lage überschauen mag,
seh Ich nun Unbeschwertheit, Grazie des Aufer-
stehns und seliges Gedankenschweigen, das sich der
Weltendinge nicht erinnert, um vollends in der
Gnadenfülle des Allherrlichen zu stehn. Ein
Merkmal Seiner Güte ist die Herzensruh, die Mich

beseelt in Seinen Schwingen, ein Zeichen Seiner Gegenwart, die Ehrfurcht, die Ich vor dem Sein empfinde.

6.39

Magnifikat im Sternenrund, unendlich Wogen, Singen, Jubilieren vor dem Einen, das die Mächte und Gewalten überlichtet und Sein Werk in liebender Begeisterung beschaut.

Vor dem Einen darf Ich weinen in Beseligung und Glück, darf Mich in Zärtlichkeit mit Seiner Glorie vereinen, derweil Ströme von Glückseligkeit und Liebe Mich durchfahren.

Halleluja darf Ich singen in Bewusstheit hoch und hehr, darf Meines Herzens Dankbarkeit erbringen, Dem, der Ich Bin und der in allem Sein die Freude lässt erstrahlen.

Amen, darf Ich sagen, werkverbunden, heiter und gelöst. Dem Strahlenlichte Mich ergeben und in des Preisens, Dankens, Rühmens Melodie Mich fügen der Unzähligen vor Seinem liebevollen Thronen.

6.40

Friede und Liebe, die beiden höchsten Benedeiungen des Seins, strömen Mir wie edle Rosendüfte ins glückselige Erfahren. Geliebtsein von des Himmels Gnadenfülle und zu lieben aus des Herzens Zärtlichkeit und Sehnen, welche Götterherrlichkeit und welch erschütterndes Idol. Im Grenzenlosen ist es recht umschrieben, im unwahrscheinlich Schönen ist es liebelicht getan.

Du kannst nicht sein und ohne noch den süssen Hauch der Lebenslieblichkeit gespürt zu haben, der dich in Freuden schwimmen lässt und dir die Tore öffnet ins elysisch wunderbare Seinserfahren. Ihm gibst du dich in strahlender Begeisterung und Wonne hin und überirdischem Gewahren.

Friede sei mit dir und deinem Hofe; Friede der Unendlichkeit im Lichte des Begreifens; Friede des beseligenden In-dirWeilens.

Denn nur in Seinen makellosen Schwingen blinken dir die Sterne Himmelswohlfahrt zu und findest du im All der Gegenwart das ewige Vereinen.

Voll Ehrfurcht sinke hin vor Dem, der Ist und der du Bist im Einssein aller Wesen und Erscheinungen, die sind und die sich wunderbar an ihrem Sein erlaben.

Amen, aus den Fernen in die Näh, Amen in die Weiten der Unendlichkeit, in die sich das Bewusstsein in Glückseligkeit und Grazie, in Freiheit und Erhabenheit, in Minne, Dankbarkeit und Seelenseligkeit erhebt.
